KB214208

| 한 달 묵상 시리즈 2 |

# 바실레아 슐링크처럼

국민북스

| 한 달 묵상 시리즈 2 |

# 바실레아 슐링크처럼

**초판 1쇄** 2019년 10월 21일

**지은이** 바실레아 슐링크·기독교마리아자매회
**펴낸이** 이태형
**펴낸곳** 국민북스
**마케팅** 김태현
**디자인** 서재형

**등록번호** 제406-2015-000064호
**등록일자** 2015년 4월 30일
**주소** 경기도 파주시 와석순환로 307, 1106-601 우편번호 10892
**전화** 031-943-0707
**팩스** 031-942-0701
**이메일** kirok21@naver.com

ISBN 979-11-88125-21-0 03230

*책에 인용된 성경은 개역개정판과 개역한글판이 함께 사용되었습니다.

| 한 달 묵상 시리즈 2 |

# 바실레아 슐링크처럼

국민북스

# 목 차

# 바실레아 슐링크처럼

# 약한 것으로 심고
# 강한 것으로 다시 살아나는
# 그리스도 안의 비밀

나는 24세에 참석했던 선교회 여름수양회에서 "믿음은 바라는 것들의 실상이요, 보지 못하는 것들의 증거니라"(히 11:1)는 말씀으로 예수님을 구세주로 영접했습니다. 그 후 1980년대 한국에 선교사로 나와 있던 기독교마리아 소속 자매 두 분을 만나 28살에 기독교마리아자매회의 자매가 되었습니다. 지나온 세월을 되돌아보니 주님의 강권적인 사랑으로 인도받은 꿈결 같은 여정임을 고백하게 됩니다.

한국의 장로교단에서 세례를 받고 성장한 내 눈앞을 넘을 수 없는 높다란 산들이 가로막고 있을 때가 한두 번이 아니었습니다. 그런데 내가 도저히 불가능하다고 여길 때마다 주님은 좁은 문을 빠끔히 열어 나를 찬란한 빛 속으로 들여보내 주셨습니다. 그렇게 인간의 생각을 내려놓고 "이 길이구나" 하며 한 발자국씩 그분의 인도를 받으며 걸어왔습니다.

맏이이자 외동딸이 독신의 삶을 결심한 일에 대한 부모님의 만류나 세상을 향한 사랑보다 더욱더 힘들었던 영적 싸움을 꼽자면 바로 '내 자아와의 싸움'이었습니다. 로마서 7장에서 "오호라 나는 곤고한 사람이로다"라고 고백하는 바울의 심정이 나의 마음처럼 느껴졌습니다. 주님은 그때마다 내 모든 것을 십자가 아래 내려놓고 "주님이 제 안에서 승리하셨습니다!"라고 고백하게 하셨고, 넘지 못할 것 같은 큰 산들이 눈앞에서 녹아내리는 일들을 경험하게 하셨습니다. 스가랴 선지자에게 하나님께서 "이는 힘으로 되지 아니하며 능력으로 되지 아니하고 오직 나의 영으로 되느니라"(슥 4:6)라고 하신 말씀을 귀로 듣는 것 같은 순간들이었습니다. 그렇게 기독교마리아자매회와 함께 주님의 빛과 사랑을 따라가는 순례의 여정을 시작했습니다.

"이분들은 성경 말씀대로 삶 속에서 사시는 분들이구나!"

한국에 선교사로 오셔서 정동의 감리교 회관에서 사셨던 기독교마리아자매회의 두 자매를 처음 만나 성경 공부를 할 때 받았던 첫인상이었습니다. 주님을 따르는 어린아이와 같이 담대하게 믿음의 삶을 살아가는 모습이 엄청난 도전으로 다가왔습니다. 말씀을 아무리 잘 해석해도 말씀대로 삶을 사는 일은 사랑의 헌신 없이는 불가능하기 때문입니다.

여러 고비를 거친 후 독일 다름슈타트에 있는 '작은 약속의 땅, 가나안'을 밟게 되었습니다. 이곳이 '작은 약속의 땅, 가나안' 이라고 불리는 데는 이유가 있습니다.

제2차 세계대전 이전에 여자 성경 공부반을 이끌어오던 바실레아 슐링크와 동역자 마튜리아 마다우스는 전쟁의 폐허 속에서 살아남은 자매들과 함께 그동안 하나님께로 향한 그들의 차지도 덥지도 않은 미지근한 사랑을 회개했고 동시에 놀라우신 성령의 부흥을 경험합니다.

전쟁에서 패망한 상황 속에서도 하나님께 간절히 기도하며 성경 말씀을 구한 이들은 "내가 그들 중에 거할 성소를 그들이 나를 위하여 짓되"(출 25:8)라는 말씀을 받습니다. 수중에 30마르크 밖에 없었지만 폐허에서 골라온 벽돌로 손수 하나님을 경배할 예배당을 짓고, 1952년 12월 '예수고난예배당' 헌당식을 올리게 됩니다. 이를 기뻐하신 주님은 자신이 '우리 안에 소원을 두고 성취를 이루어 가시는 하나님'이심을(빌 2:13) 계속 증거하십니다. 이렇게 약속을 이루시는 주님과 순종하는 기독교마리아자매회의 이야기가 담겨 있기에 이곳을 '작은 약속의 땅, 가나안'이라 부르는 것입니다.

처음 독일에 와서 창설자인 두 분을 만났을 때, "지혜 있는 자는 궁창의 빛과 같이 빛날 것이요 많은 사람을 옳은 데로 돌아오게 한 자는 별과 같이 영원토록 빛나리라"(단 12:3)는 말씀이 떠올랐습니다. 그분들은 육백만 유대인을 학살한 독일 민족의 죄를 자신의 죄처럼 회개했고, 인간의 죄성 중 뿌리 깊은 교만과 시기를 고백하며 자매들을 주님께로 인도했습니다. 성령의 터치로 깊은 통회와 회개를 경험한 자매들은 하나님의 사랑으로 이스라엘을 사랑하며 이스라엘을 향한 하나님의 계획을 보게 되었습니다.

영적인 자녀인 우리는 창설자를 '마더 바실레아'라고 불렀습니다. 그분은 약함을 자랑하는 겸손한 분이었습니다. 믿음을 끝까지 지켰던 마더 바실레아는 "우리의 믿음은 하나님께로 향한 우리의 사랑을 드러낸다. 하나님을 사랑하는 자가 그분을 신뢰하며 믿음 안에서 끝까지 견디어내기 때문이다"고 말했습니다. 이 믿음을 초석으로 하나님께 영광 돌리는 삶을 살고자했습니다. 이 삶은 십자가와 고난, 역경이 따르는 길이고 "예, 아버지"로 답하며 예수님과 연합해 가는 길이었습니다. 내 권리를 위해 싸우는 것이 아니라, 그리스도가 나의 생명이기에,

"나를 위하여 자기 목숨을 잃는 자는 얻으리라"(마 10:39)는 말씀을 따라 '어린양의 신부'된 길을 가며 신부의 영혼들을 준비시켰습니다.

마더 바실레아는 견신례 때 받은 "십자가의 도가 멸망하는 자들에게는 미련한 것이요 구원을 받는 우리에게는 하나님의 능력이라"(고전 1:18)는 말씀처럼 담대히 십자가를 감당했지만 주님의 위로와 기도응답을 받을 때는 어린아이처럼 기뻐하기도 했습니다. 주님은 이 땅에서도 성취와 부활 생명을 맛보게 하시는 분이시기 때문입니다. 그렇게 하나님께서는 거하실 성소와 약속의 땅 가나안을 얻게 해주셨고 사역의 문을 여서서 19개국에서 온 자매들과 12개국에 지부를 허락하셨습니다.

마더 바실레아는 "내가 그들 안에 있고 아버지께서 내 안에 계시어 그들로 온전함을 이루어 하나 되게 하소서"(요 17:23)라는 말씀에 따라 하나 됨의 사역을 주님의 소명으로 여겼습니다. 실제로 그는 주님을 사랑하는 자들이 하나가 될 때 많은 위로를 받았습니다. 평생 믿음의 길에서 많은 기적을 경험했지만 "사람이 변하는 것이 가장 큰 기적"이라고 간증했습니다.

"예수님은 우리의 죄 때문에 고난의 길을 가셨습니다. 우리를 죄에서 구원하시려고 죽음과 무덤을 택하셨습니다. 우리가 예수님과 함께 이 죽음의 길을 가면, 그 길에서 우리의 죄 된 옛사람은 끊임없이 죽음에 이르고 하나님의 형상을 닮은 새 사람이 소생합니다. 비판적이고 완고하며 무자비하던 영혼에게서 사랑과 선함이 흘러나오고, 지배적이고 자기 고집대로 행하던 자에게서 온유함이 흘러나오며, 교만한 자가 겸손하게 변화되다니 이 얼마나 놀라운 일입니까? 우리가 죽음의 길에 자신을 내어줄 때 일어나는 이 창조의 역사는 바로 하나님의 기적이 아닐 수 없습니다!"

또한 마더 바실레아는 항상 천국을 사모했습니다.

"나는 천국에 대해 묵상하고 노래함으로써 큰 힘을 얻게 되는 것을 발견했습니다. 천국의 영광 앞에서 우리의 고통이 줄어들 뿐 아니라 서서히 사라지는 것을 경험했습니다. 우리의 깊은 갈망이 어느새 열정적인 간구가 됩니다.

천국을 생각하십시오. 그러면 장차 나타날 영원한 천국의 영광과 비교할 때 고난은 그 힘을 상실하게 됩니다. 천국이란 말을 들을 때, 장래의 기쁨은 영원하며 지금 당하는 고통은 곧 끝난다는 것을 기억하십시오. 여러분이 영원히 거할 본향이 그곳입니다. 그러면 여러분은 모든 문제를 바로볼 수 있게 될 것입니다. 사소한 일상의 일들에 매여 헤매기보다 영원을 위해 자신을 준비할 것입니다. 천국 찬양을 부르십시오. 여러분이 어려움 가운데 있을 때 특별히 천국 축제를 여십시오. 천국은 지옥보다 훨씬 강합니다. 예수님이 천국의 주님이시기 때문입니다. 하나님의 사랑 안에서는 고난이 결코 마지막이 아닙니다. 고난과 정결케 하는 과정을 지났을 때 이 땅에서도 한 조각의 천국을 체험하게 하십니다."

그렇습니다. 주님의 십자가를 감당하는 일은 두렵고 떨리는 일이기도 하지만 동시에 하나님의 놀라운 기쁨을 경험하는 유일한 길입니다. 하나님의 선하심을 맛보아 알고 있는 믿음의 선진들의 간증과 발자취가 그 일을 증거하고 있습니다. '예와 아멘'이 되시는 주님과 동행하는 믿음의 사람들이 이 시대의 어둠 속에서 더욱 환하게 빛나기를 소원합니다. 바실레아 슐링크와 함께 하는 한 달 묵상을 읽는 모든 독자들이 예수 그리스도의 신부로 천국으로 향해 가는 믿음의 여정을 기쁨으로 걸어가기를 기도합니다.

"적은 무리여 무서워 말라 너희 아버지께서 그 나라를
너희에게 주시기를 기뻐하시느니라"(눅 12:32)

2019년 가을 다름슈타트 가나안에서

기독교마리아자매회 암브로시아 자매

like M. BASILEA SCHLINK

# 바실레아 슐링크처럼

# 갈라진 틈에 서는 자가 되라

"그러므로 내가 택함 받은 자들을 위하여
모든 것을 참음은 그들도 그리스도 예수 안에 있는 구원을
영원한 영광과 함께 받게 하려 함이라"

디모데후서 2:10

과거부터 지금까지 하나님의 왕국, 그 사랑의 왕국은 예수 그리스도가 이 땅에서 가셨던 길처럼 멸시당하고 수모와 수치의 가시 면류관을 쓰는 사람들에 의해 이뤄집니다. 이런 영적인 법칙을 알게 될 때 우린 인생 여정 동안 겪게 되는 모든 거절들을 은혜로 달게 받게 됩니다. 그리고 주님이 주시는 사랑과 능력으로 그 슬픔을 견뎌낼 수 있습니다. 사랑으로 하나 되도록 돕는 일이 바로 우리 크리스천들이 해야 할 소명입니다.

지금 시대에 가장 많이 나오는 단어 가운데 하나가 연합과 일치입니다. 이 말은 그만큼 세상에 분열이 만연되어 있다는 사실을 반증합니다. 특별히 주님의 몸 된 교회 안에서도 분열은 심각한 상황입니다. 지금 주님의 몸 안에서 얼마나 많은 분열이 일어나고 있습니까? 그것은 비단 한 국가에만 국한된 것이 아니라 전 세계적인 현상입니다. 하나님은 우리더러 하나가 되라고 하십니다. 그러나 우리의 대적은 그리스도인들의 하나 됨을 너무나 싫어합니다. 신자의 연합을 통해 하나님의 성은 굳건해지고 사탄의 성은 허물어지기 때문입니다. 그래서 어떤 방법을 써서라도 분열의 영을 사방에 뿌리려 합니다. 사탄의 책략은 일견

**홍해를 가르며 갈라진 틈 사이에 서 있는
모세를 생각하십시오. 사랑으로 갈라진 틈 사이에 서는 자를
하나님은 오늘도 찾고 계십니다.**

성공을 거두고 있는 것처럼 보입니다. 너무나 많은 분열이 퍼져 있기 때문입니다. 그래서 뜻있는 많은 사람들이 하나 됨을 주창하고 있습니다.

그런데 그리스도인들 사이에서의 일치란 신학적 토론이나 문서화된 교리에 의해서 이뤄질 수 있는 것이 아닙니다. 진정한 일치는 오직 다음과 같은 하나님의 말씀으로만 가능합니다. "이 땅을 위하여 성을 쌓으며 성 무너진 데를 막아서서 나로 하여금 멸하지 못하게 할 사람을 내가 그 가운데에서 찾다가…"(겔 22:30) 모든 견해의 차이를 뛰어넘어 이 땅에서 무너진 데를 막아서는 사람이 있어야 일치가 가능합니다. 그런 사람들은 화평을 심는 사람들입니다. 모세와 같이 갈라진 틈에 서는 자들입니다. 그런 사람들을 통해서 무너진 성이 새롭게 건축됩니다. 하나님은 통회하는 심령과 화해의 영을 지닌 사람들을 찾아 쓰십니다.

분열을 깨는 가장 강력한 힘은 사랑입니다. 천국은 서로 사랑하는 곳이지만 지옥은 우리가 사탄의 조력자가 되어 형제를 고소하며 정죄하고 부정적으로 대하며 서로의 흠을 드

**15**

러내는 곳입니다. 사실 우리에게 사랑이 있다면 분열은 있을 수 없습니다. 사랑이란 한 사람이 자신의 원수도 사랑할 수 있을 때만 가능합니다. 원수도 사랑하는 마당에 주님을 믿는 사람들끼리의 연합이 이뤄지지 않을 이유가 없습니다. 그럼에도 연합보다는 분열이 일상화된 기독교 진영의 모습을 어떻게 설명해야 할까요?

우리의 자아와 고집, 회개치 않는 마음이 시퍼렇게 살아 있기 때문입니다. 모든 의견 충돌의 근원은 인간의 마음 안에 있습니다. 고집스러울 정도로 자신의 관점과 견해에 매달리는 것이 인간의 보편적 경향입니다. 인간의 마음은 다툼과 헐뜯음, 그리고 모든 가식과 분열이 자라는 곳입니다. 부패하고 이기적인 마음을 죽이고 사랑과 화해의 성령으로 새 생명을 얻어야 일치가 이뤄집니다. 우리의 타락한 지성이 사라진 후에야 비로소 사랑이 승리의 개가를 드높일 것입니다. 사랑은 언제나 그리스도 안에서 형제들끼리 하나가 되는 길을 찾아냅니다.

이 사랑이 있는 사람들은 하나가 되기 위해 기꺼이 자신을 내려놓습니다. 오늘날 모든 교파의 진실한 성도들은 예수님의 사랑 안에서 점점 더 가까워지고 있습니다. 서로를 격려해 가면서 눈에 보이지는 않지만 한 몸을 이루어 주님의 재림과 어린양의 혼인 잔치를 준비하고 있습니다. 기독교인들에 대한 박해가 일어날 때, 그 고난의 한 가운데서 이런 연합의 움직임은 더욱 분명히 드러나게 될 것입니다.

우리가 추구해야 할 것은 영적인 사랑의 유대입니다. 우리가 어디에 있든, 어떤 교파에 속하든, 우리의 집은 하나님의 마음속에 있다는 사실을 기억합시다. 우린 모두 하나님의 테이블에 앉게 될 것입니다. 그 테이블은 화해와 연합의 자리입니다. 어떤 차이도, 차별도 있을 수 없습니다. 오늘 이 땅에 화해의 씨앗을 뿌리는 사람이 되도록 기도하십시오. 모든 갈라진 틈에 서서 사랑을 실천하십시오. 하나님이 그런 당신을 보며 "이는 내 사랑하는 자요"라며 기뻐하실 것입니다.

---

## 기도

사랑하는 하나님, 이 땅 곳곳에서 분열의 소리가 들립니다. 세상은 평화를 원하지만 전쟁의 소리가 높아만 갑니다. 인간의 마음속에 있는 부패함이 사탄의 도구가 되어 분열을 더욱 조장하고 있습니다. 저희들을 용서해 주십시오. 하나님, 오직 당신의 사랑으로만 우리가 하나 될 수 있습니다. 당신의 사랑 없이 외치는 어떠한 연합의 구호도 공허합니다. 우리가 다시 당신 안에서 올바르게 정렬될 수 있게 해 주십시오. 주님의 아가페 사랑 아래서 하나 되게 해 주시옵소서. 어떤 경우에도 하나 됨을 포기하지 않도록 힘을 주시옵소서. 삼위일체 하나님을 찬양합니다. 아멘.

---

## 노트

**캠벨 몰간** ㅣ 마귀의 전략은 그와 맞서 싸워야 할 사람들끼리 서로 분열되게 만드는 것입니다.

# 거룩한 남은 자가 되라

> "시온에 남아 있는 자, 예루살렘에 머물러 있는 자
> 곧 예루살렘 안에 생존한 자 중 기록된 모든 사람은
> 거룩하다 칭함을 얻으리니"
>
> 이사야 4:3

하나님이 이스라엘 백성들에게 그들 대부분이 멸망하게 되리라고 심판을 경고하실 때마다 성경에 함께 등장하는 한 단어가 있습니다. 그것은 '남은 자'라는 단어입니다. "거룩하며 거룩하다 일컬음을 받을 남은 자들이 살아남을 것"이라는 것입니다. '거룩한 남은 자'란 이 단어는 얼마나 아름다운지요. 성경을 읽다 보면 하나님께서 이 세상 혹은 이스라엘에 심판을 내리실 때마다 항상 거룩한 남은 자들을 남겨 두셨다는 사실을 알게 됩니다. 대홍수 시대에는 노아와 그의 가족들을, 소돔에 심판을 내리실 때에는 롯을 남겨 두셨습니다. 또한 주위를 둘러보아 어떠한 의인도 발견할 수 없을 것 같은 패역한 세대에서도 거룩한 남은 자들이 있다고 말합니다.

"저에게 하신 대답이 무엇이뇨 내가 나를 위하여 바알에게 무릎을 꿇지 아니한 사람 칠천을 남겨 두었다 하셨으니 그런즉 이와 같이 이제도 은혜로 택하심을 따라 남은 자가 있느니라"(롬 11:4~5)

거룩한 남은 자는 하나님의 특별한 사랑에 속한 자들입니다. 또한 이런 남은 자들의 사랑은 전적으로 하나님 한 분께만 향

**거룩한 남은 자들은 하나님의 얼굴만을 구하는 사람들입니다.**
**그들의 눈과 마음은 언제나 하나님께 집중해 있습니다.**

해 있습니다. 유구한 교회 역사를 생각해 보십시오. 더 이상 희망이 없다고 여겨지던 시기마다 남은 자들을 통해 새로운 영적 갱신과 각성이 일어났습니다. 무시무시한 재난이 지나간 후에는 어김없이 거룩한 남은 자들을 통해 뭔가가 새롭게 시작됐습니다. 거룩한 남은 자들은 하나님을 지극히 경외하는 자로서 이 땅의 살아남은 자들에게 하나님이 그들을 얼마나 사랑하시는지를 증거합니다. 거룩한 남은 자란 영적으로 강건한 자들의 무리를 가리키는 말입니다. 그들은 견고한 기둥과 같습니다. 어떤 유혹과 핍박, 환란 속에서도 굳건히 서 있습니다.

거룩한 남은 자들은 믿음이 사라져버린 이 세상에서 갖은 조소와 경멸, 천대를 받습니다. 이들은 주 예수 그리스도를 조건 없이 따르기 때문에 세상으로부터 용납되지 못하고, 점점 더 미움과 박해를 받습니다. 갈수록 이들이 설 자리는 사라지는 것 같습니다. 그러나 끝까지 가 봐야 압니다. 훗날, 지구에 닥칠 세기적 재난 뒤에는 이들 거룩한 남은 자들이 살아남은 인류의 중심이 되어 하나님의 새로운 시작을 위한 그루터기가 될 것입니다. "그 중에 십분의 일이 오히려 남아 있을찌라도 이것도 삼키

운바 될 것이나 밤나무, 상수리나무가 베임을 당하여도 그 그루터기는 남아 있는 것 같이 거룩한 씨가 이 땅의 그루터기니라"(사 6:13)

거룩한 남은 자들은 주 예수 그리스도의 사랑과 최후 승리에 대한 확신으로 어떤 위기와 고난, 어려움, 조소, 두려움도 기쁘게 견뎌 냅니다. 주 예수 그리스도의 능력을 그들의 몸에 지니고 있기 때문입니다. 그들 안에 계신 예수님이 강하시기에 원수가 그들을 더 이상 해칠 수 없습니다. 사탄이 아무리 이 세상을 장악하고 있다 하더라도 사탄의 권세가 예수 그리스도께 속한 거룩한 남은 자들에게 미치지 못합니다. 그들 안에 있는 예수 그리스도의 사랑은 사탄보다 훨씬 강합니다. 결국 이 사랑은 승리합니다. 예수 그리스도의 사랑은 언제나 승리로 인도하기 때문입니다. 그래서 아무리 원수가 승리한 것 같이 보일지라도 그들은 실망하여 낙담하지 않습니다. 너무나 쉽게 사탄의 전리품으로 전락하는 시대에 그들은 끝까지 믿음을 지킵니다. 최후 승리의 비밀을 깨달았기 때문입니다.

이 패역한 시대에 거룩한 남은 자가 되기를 소망합시다. 최후 승리 거둘 때까지 믿음의 경주를 다해 나갑시다. 오늘, 지금 이 시간에 그 경주를 시작합시다. "당신은 이 시대의 거룩한 남은 자입니까?" 이것이 오늘 당신이 답해야 할 결정적 질문입니다.

# 기도

오, 하나님. 이 시간 거룩한 남은 자가 되기를 소망합니다. 이 번잡한 시대에 오직 예수 그리스도께만 집중하는 사람 되기를 원합니다. 갈수록 세상은 악해지고 있습니다. 악한 세상 속에서 너무나 쉽게 믿음을 저버리는 사람들도 많아지고 있습니다. 믿음이 조롱거리가 된 세상에서 끝까지 참된 믿음을 지키게 해 주십시오. 내 안에 있는 주의 생명으로 세상이라는 거친 바다에서 헤엄쳐 나갈 수 있도록 힘주시옵소서. 인내로써 믿음의 선한 싸움을 싸울 수 있기원합니다. 주님, 당신만이 나의 유일한 소망입니다. 아멘.

---

# 노트

**존 뮬린디** ┃ 하나님께서는 지금 전 세계적으로 '남은 자'들을 일으키고 계십니다. 또한 하나님께서는 '남은 자'들을 깨우시기 위해 기상나팔을 불고 계십니다. 확실한 것은 하나님의 크고 강한 역사가 이제 막 나타날 것이며, 이 일은 사실상 이미 시작되었다는 것입니다. 여러분은 마지막 때의 사명을 찾지 않더라도 오히려 사명이 여러분을 찾을 것입니다.

# 모리아의 경험을 하라

"여호와께서 이르시되 네 아들 네 사랑하는 독자 이삭을
데리고 모리아 땅으로 가서 내가 네게 일러 준
한 산 거기서 그를 번제로 드리라"

창세기 22:2

크리스천들이 삶에서 가장 중요한 결정을 내려야 할 시기는
회심할 때도, 희생을 치를 때도, 연단을 받을 때도 아닙니다. 바
로 모리아의 경험을 할 때입니다. 우리 선조 아브라함이 우리에
게 그 본을 보여 주셨습니다. 아브라함이 자기 아들을 제물로
드리려고 한 것은 지극히 어려운 결정이었습니다.

그러나 아브라함이 모리아 산에서 드려야 했던 가장 큰 희생
은 바로 하나님의 약속까지도 포기하는 희생이었습니다. 오랫
동안 하나님께서는 그가 늙은 나이에 기적적으로 얻은 아들을
통해 온 세계가 축복받게 될 것이라는 약속을 주셨습니다. 아브
라함은 깊은 고민을 하지 않을 수 없었습니다. 하나님께서 약속
과는 전혀 어긋나는 명령을 내리시며 스스로를 부인하시는 듯
보였기 때문입니다. 절규밖에 나오지 않는 그 순간, 아브라함은
하나님을 진정으로 믿는지 여부를 시험받고 있었던 것입니다.

그런 상황에서 우리 대부분은 하나님에 대해서 깊이 실망하
기 마련입니다. 그것은 상식적으론 이해되는 일입니다. 그러나
그때, 하나님에 대해 실망한다면 우린 파국으로 치닫게 됩니다.
그래서 그 시간은 너무나 중요한 순간입니다. 하지만 그 시험을

## 한 줄 묵상

**오, 주여! 당신의 이름을 찬양합니다. 도저히 납득할 수
없을 때에도 당신은 영원히 '예와 아멘'이십니다.**

---

잘 이겨내면 우린 하나님의 뜻과 가장 깊이 연합되어 하나님께
서 주시는 최고의 특권을 누리게 됩니다. 그 시험을 잘 이겨 내
기 위해선 도저히 하나님의 의도와 행위를 이해할 수 없을 때조
차, 어두운 길을 통과해야 합니다. 그 어두운 길을 따르는 매일
의 생활에서 주님 뜻에 나의 의지를 내려놓고 끊임없이 자기 부
인을 해야 합니다.

지난 시절을 돌이켜보니 내 인생에서 가장 많은 어려움을 가
져다준 극심한 어둠의 순간에 하나님께선 사랑으로 순종하기
를 원하셨습니다. 깊은 절망의 때마다 하나님의 사랑을 여전
히 신뢰한다는 표시로 나는 종종 기도하는 장소에 조약돌로
'예, 아멘'이라는 글자를 만들어 놓기도 했습니다. 마음이 고뇌
로 가득 차 있는 날에도 일기장에 "내 아버지시여, 나는 당신을
도무지 이해할 수 없지만, 당신의 사랑을 신뢰합니다"라고 썼
습니다. 나중에 세계 각지의 사람들은 이 구절이 그들에게 얼
마나 깊은 의미를 가져다주었는지 모른다고 말하곤 했습니다.
어두운 깊은 밤에 영적으로 고통을 받는 사람들에게 큰 용기를
준 것 같습니다.

하나님 나라에서 통용되는 영적 원칙이 있습니다. 치러야 하는 고통이 크면 클수록 그 열매는 더욱 풍성하다는 것입니다. 따라서 그분의 일하는 방식이 전혀 이해되지 않을 때도 믿고 따른다면 인생에서 가장 어두운 날이 가장 큰 축복의 날로 바뀌게 될 것입니다. 그것은 지난 후에 알게 됩니다. 나중에서야 내가 기대한 것과는 다르지만 하나님의 약속은 변함없이 실현된 것을 알게 됩니다. 1956~1959년 가나안에 대한 약속이 이루어지지 않는 것처럼 보일 때 나는 또 다른 작은 모리아들을 경험하게 되었습니다. 우리 믿음의 사역이 거의 끝난 것처럼 보였고 모든 사명들이 수포로 돌아가는 것 같을 때 나는 이런 찬양을 했습니다. "오 주여! 당신의 이름을 찬양하오며 도저히 납득할 수 없을 때도, 영원히 '예와 아멘'이시라."

하나님의 뜻을 찬양함으로 어려운 시기를 견뎌낼 수 있었습니다. 아브라함이 시험을 견디었을 때 하나님이 아브라함에게 주신 "… 내가 이제야 네가 하나님을 경외하는 줄을 아노라"(창 22:12)는 말씀이 그제야 실감되었습니다. 또한 하나님이 자신을 낮추어 우리에게 오셔서 축복을 내려주시는 것이 얼마나 고마운 것인지도 깨달았습니다.

누구든지 영원토록 천국의 향취를 맛보고자 하는 이는 자신의 죄로 인해 찾아오는 암흑 같은 고통을 이 땅에서 잠시나마 견뎌내야 합니다. 그런 고난 중에 있을 때 우리는 어느 때보다 예수 그리스도와 가까이 있게 됩니다.

인생길 가면서 우린 모두 모리아의 경험을 합니다. 하나님의 약속에 따라 얻은 '이삭'을 바쳐야 하는 모순된, 절망적인 상황에 직면하게 됩니다. 그 순간은 인생의 방향이 정해지는 결정적 순간입니다. 당신은 아무것도 보이지 않고 믿음마저 의심되는 그 살벌한 산에서 '나의 이삭'을 향해 눈물 머금고 삭도를 내리치려 한 경험이 있습니까? 그 서늘한 순간에 "얘야, 이제 됐다. 내가 이제야 네가 나를 경외하는 줄을 알겠노라"는 하나님의 음성을 들은 적이 있습니까? 그 음성을 듣는 순간이야말로 당신은 하나님을 얻고, 하나님은 당신을 얻는 결정적 때입니다. 이것이 구원이요, 부활입니다.

---

## 기도

하나님, 제 인생에서 당신의 뜻을 알지 못해 방황하던 순간들이 많았음을 고백합니다. 그러나 그 어두운 밤과 같은 순간에도 당신의 뜻과 사랑은 변함없음을 신뢰하게 하소서. 나의 모리아 산에서 믿음을 버리지 않게 해 주십시오. 끝까지 하나님을 믿으며, 그 뜻에 순종하기 원합니다. 나의 이성으론 이해할 수 없는 일들이 닥친다 하더라도, 그것이 명백한 당신의 뜻일 때에는 묵묵히 사랑으로 순종하게 해 주십시오. 하나님, 오직 당신만 얻기 바랍니다. 이것이 저의 소망되게 해 주십시오. 아멘.

---

## 노트

**오스왈드 챔버스** ㅣ 주님의 가르침은 언제나 자기실현과는 정반대입니다. 주님의 목적은 사람을 계발하는 것이 아니라 사람을 주님과 정확히 같게 만드는 것입니다.

# 하나님의 슬픔을 기억하라

> "보라 여호와의 날 곧 잔혹히 분냄과 맹렬히 노하는 날이
> 이르러 땅을 황폐하게 하며 그 중에서 죄인들을 멸하리니"
>
> 이사야 13:9

어떻게 하면 은혜의 의미를 제대로 이해할 수 있을까요? 의외로 간단합니다. 단지 하나님의 심판에 직면해 보고 그분의 진노를 맛볼 수만 있다면 우린 은혜의 의미를 잘 깨달을 수 있습니다. 이런 경험을 통해서만 우리는 주 예수 그리스도가 우리를 위한 희생 제물이 되셔서 그분을 진실로 믿는 사람을 모두 하나님의 진노로부터 구원해 낸다는 사실을 알게 됩니다. 그것이 은혜입니다.

오늘도 살아계시며 역사하시는 하나님은 때론 진노하십니다. 하나님은 분명 사랑의 아버지이십니다. 그러나 하나님 아버지는 슬프지만 자녀들에게 진노를 쏟으시며 심판을 할 수밖에 없는 상황에 처하십니다. 그 진노는 강한 사랑의 표시입니다. 끊임없이 죄에 빠져 있는 자녀들에게 간곡히 돌아오라고 부탁해도 아무 소용이 없을 때 아버지는 깊은 고뇌에 빠지십니다. 자신의 사랑과 인자하심에 대해 화답하길 지속적으로 거부할 때에는 아버지도 어찌하실 수 없습니다.

어느 날, 신약과 구약의 여러 곳에서 언급된 하나님의 진노하시는 성품을 마음 깊이 느끼게 되었습니다. 잃어버린 어린양들

**하나님의 심판에 직면해 보고 그분의 진노를 맛볼 수만
있다면, 우린 은혜의 의미를 잘 깨달을 수 있습니다.**

에 대해 하나님의 복받치는 슬픔과 고뇌의 깊이를 조금이나마 느낄 수 있었습니다. 그 순간 우리 주님도 피조물과 같이 슬퍼하신다는 사실이 마음에 와닿았습니다. 집으로 돌아오기를 거절하고 빛을 거부하며 도리어 어둠과 죄를 택하는 자녀들, 결국 그 죄 가운데 죽어 영원한 고통을 당할 당신의 자녀들을 생각하며 주님은 슬퍼하고 계셨습니다.

하나님의 슬픔이 느껴지면서 내 마음도 그 슬픔으로 가득 찼습니다. 그때, 나도 모르게 이제까지 불러 본 적도 없는 애가를 갑자기 부르게 되었습니다. 나는 성령께서 주신 노래를 부르며 몇 시간이나 하나님의 깊은 고뇌와 고통을 체휼했습니다. 주님이 계속 "내가 슬프다. 내가 정말 슬프구나"라고 말씀하시는 것 같았습니다. 그 슬픔이 온몸으로 느껴지자 하염없이 눈물이 흘러내렸습니다. 세상에 대한 하나님의 고뇌에 찬 진노와 고통을 경험한 후에 새로운 단계의 길이 펼쳐졌습니다. 하나님의 진노와 심판의 긴급성이 언제나 나를 따라다녔습니다. 그러자 우리가 쌓아왔던 모든 것이 금방이라도 파멸당할 것 같이 느껴졌습니다. 그것은 놀라운 경험이었습니다.

그렇습니다. 우린 모두 하나님의 심판 날을 향해 달려가고 있습니다. 마지막 날에 인류의 죄에 대해 하나님의 슬픔과 진노가 임하게 됩니다. 이것을 인식하는가의 여부에 따라 인생이 달라집니다. 이것을 깨달을 때, 이 지구상에서 벌어지는 재앙들을 전혀 다른 관점으로 보게 됩니다. 그런 일들을 우연이 아니라 하나님의 슬픔과 거룩한 진노와 연결 지어 보게 됩니다.

하나님의 슬픔과 진노를 경험하자 그 전에는 몰랐던 하나님의 은총의 풍성함을 더욱 잘 이해하게 되었습니다. 너무 늦기 전에 자기의 죄를 회개하고 주 예수 그리스도께로 나온 사람들에게는 그분의 심판보다도 훨씬 큰 하나님의 은혜가 주어진다는 사실을 증거하지 않을 수 없게 되었습니다. 그것은 소명이 되었습니다. 아무도 그날을 피할 수 없습니다. 만일 오늘 우리가 그분의 목소리를 듣는다면 돌이킬 수 있습니다. 그래서 역설적으로 하나님의 진노야말로 그분의 사랑과 은혜의 풍성함을 경험케 하는 도구가 될 수 있습니다. 하나님의 슬픔을 기억하십시오. 가던 길 멈추고 돌이키십시오. 아직도 시간은 남아 있습니다.

## 기도

하나님, 이 땅을 바라보며 슬퍼하시는 당신의 마음을 느끼기 원합니다. 주님이 슬퍼하시는데 어찌 우리가 기뻐할 수 있겠습니까? 주님의 슬픔이 저희의 슬픔 되게 해 주십시오. 이제 돌이켜, 임박한 하나님의 진노의 잔을 피하게 해 주십시오. 하나님의 진노를 통해 당신 은혜의 풍성함을 맛보게 해 주소서. 항상 마지막 때와 심판 날에 주님 앞에 서게 된다는 것을 잊지 않으며 살게 해 주십시오. 그날을 준비하며 오늘을 더욱더 가치 있게 보내는 은총을 허락하소서. 감사합니다. 아멘.

## 노트

**토미 테니** ㅣ 지금 이 순간, "성령으로 당신 심령을 부수라"고 도전하고 싶다. 바야흐로 지금은 당신 삶을 거룩하게 할 때이다. 지금까지 지켜보던 것들을 그만 지켜보라. 하나님 말씀을 읽는 것보다 어떤 것을 더 많이 읽었다면 그동안 읽던 것들을 그만 읽어라. 하나님을 가장 먼저, 가장 간절하게 배고파해야 한다. 만일 당신이 온전한 빵 덩어리 외에 그 무엇에도 만족하기를 거부한다면, 당신은 하나님께 굶주린 예배자이다.

바 실 레 아
슐 링 크 처럼

# 굴욕의 길을 기쁘게 가라

DAY

## 5

> "무릇 그리스도 예수 안에서
> 경건하게 살고자 하는 자는 박해를 받으리라"
> 디모데후서 3:12

핍박이나 굴욕, 주위의 거부를 전혀 경험하지 못한 사람은 아무도 없습니다. 인생길 가다 보면 하나님이 주시는 고난의 맛을 풍성하게 맛보게 됩니다. 그분은 그 고난의 맛을 보여주기 위해 나와 가장 가까운 사람을 사용하시기도 합니다. 그것은 가장 고통스러운 체험일 것입니다.

수치와 불명예는 분명 굴욕스러운 것입니다. 그러나 굴욕이 무의미하기만 하지는 않습니다. 굴욕을 통해서만 우리는 더욱 겸손해집니다. 모욕을 모욕으로 갚지 않고 오히려 사랑과 용서를 보여주신 어린양의 길을 따르는 법을 배우게 됩니다. 그 굴욕의 길을 따라서 주님은 우리에게 오래 참고 용서하는 사랑, 자기 원수도 사랑하는 사랑을 가르치려고 하시는 것입니다. 굴욕 당하는 것을 허용하신 주님의 목적은 나를 그분의 마음으로 가까이 이끌기 위해 더욱 겸손해지고 더욱 사랑하는 자로 빚어가시려는 것입니다.

하나님은 자신의 자녀들에게 사명을 맡기기 원하십니다. 우린 보냄 받은 존재들입니다. 그런데 그 사명을 받고, 감당하기 위해선 먼저 깨어져야 합니다. 굴욕의 길을 가면서 우린 깨어집니다.

**소명을 이루는 것은 낮아짐과 자기 부인의 길을 가신 예수님의 발자취를 따를 때에만 가능하다는 사실을 기억해야 합니다.**

점점 고운 가루가 되어 주님 쓰시기에 합당한 존재가 됩니다. 소명을 이루는 것은 낮아짐과 자기 부인의 길을 가신 예수님의 발자취를 따를 때에만 가능하다는 사실을 기억해야 합니다. 굴욕의 길을 가면서 은사를 받습니다. 다른 사람들의 인정과 존경을 잃어버리는 대신에 훨씬 더 귀중한 것을 얻습니다. 그 굴욕의 길에서 주님을 좀 더 친밀하게 알게 되며 그분의 고난에 참여하게 됩니다. 고난을 겪은 사람만이 주 예수 그리스도의 고난을 이해할 수 있습니다. 내가 고난의 길을 따르기 시작했을 때, 이전에는 결코 접근하지 못했던 보물 창고인 주 예수님의 고난의 길이 마음 깊이 다가왔습니다. 그럼으로써 슬픔을 겪은 인자이신 그리스도를 더욱 알게 되고 사랑하게 되었습니다.

그렇습니다, 주님의 수난을 묵상하는 것은 축복입니다. 하나님의 가장 큰 사랑의 비밀을 깊이 생각해 볼 수 있기 때문입니다. 굴욕의 길을 따르면서 겪게 되는 모든 슬픔 속에서 우린 예수님의 말씀이 '예'와 '아멘'이라는 것을 깨닫게 됩니다. 주님은 말씀하십니다. "나로 말미암아 너희를 욕하고 박해하고 거짓으로 너희를 거슬러 모든 악한 말을 할 때에는 너희에게 복이 있

**31**

나니 기뻐하고 즐거워하라 하늘에서 너희의 상이 큼이라 너희 전에 있던 선지자들도 이같이 박해하였느니라"(마 5:11~12) 이 약속은 단순히 내세에만 약속된 것이 아닙니다. 현세에서도 실현됩니다. 예수님의 사랑은 너무나 커서 자신을 따라 십자가를 지고 그분의 이름으로 고난을 받는 사람들을 위해 다음 세상까지 기다릴 수 없어 하십니다.

굴욕의 길을 기쁘게 가면서 개인적으로 경험한 것이 있습니다. 예수님은 자신을 위해 굴욕을 당한 자들의 생명과 포기한 재산들을 수백 배로 갚아 주신다는 사실입니다. 이런 경험을 할 때마다 우리의 믿음은 더욱 커져 갑니다. 그분을 따르는 것이 벅찬 환희가 됩니다. 그 길을 묵묵히 따라가다 보면 "나를 위하여 자기 목숨을 잃는 자는 얻으리라"(마 10:39)는 예수님의 말씀을 실제로 체험하게 됩니다.

이 거친 세상에서 주님의 인도하심을 따르는 길은 굴욕의 길일 수 있습니다. 그러나 그 길을 따라갈 때 예수님은 우리의 마음속에 주님과 주의 생명을 위한 자리를 더욱 넓혀 가십니다.

주님과 더불어 함께 가는 친밀한 관계만이 진정한 생명의 성취를 이루어 갑니다. 그것은 최고의 축복입니다. 그 축복은 오직 십자가의 길 위에서만 발견되는데, 그 길에는 수치와 굴욕이라는 돌부리들이 널려 있습니다. 오늘, 그 길을 기쁘게 걸어가십시오.

## 기도

주님, 일상의 삶 속에서 나를 낮추는 작은 수모도 참기 어려워하는 제 모습을 봅니다. 쓴 뿌리와 원망을 떨쳐내지 못해 헤매는 제 모습 그대로를 십자가 앞에 내려놓습니다. 주님 보혈로 씻어주시고, 진리의 영이신 성령님의 도우심으로 굴욕의 길을 기쁘게 가며 생명의 길을 선택할 수 있도록 도우소서. 사랑하는 주님, 이 땅에서 제 삶이 주님과 친밀히 교제하며 동행하는 삶이 되게 하소서. 주님의 세미한 음성을 들으며, 주님이 기뻐하시는 뜻을 이루길 소망합니다. 아멘.

## 노트

**아브라함 헤셀** | 영혼의 빛줄기를 희미하게나마 보는 사람은 고뇌를 느낄 수 없다. 그저 자신이 그토록 고뇌한 것이 얼마나 헛된 것이지를 알고 놀랄 뿐이다.

# 예수님을 내 마음에
# 거하시게 하라(1)

"예수께서 대답하여 이르시되 사람이 나를 사랑하면
내 말을 지키리니 내 아버지께서 그를 사랑하실 것이요
우리가 그에게 가서 거처를 그와 함께 하리라"

**요한복음 14:23**

예수님의 내재(內在)하심! 나는 평생 동안 주님께서 내 삶 가운데 이 약속을 이뤄주시기를 간절히 바랐습니다. 예수님은 자기를 사랑하는 이들의 마음속에 자신의 거처를 삼기 원하십니다. 그분은 우리가 자기를 사랑하는 증거는 그의 계명을 지키는 것이라고 말하십니다.

젊은 시절에 나는 예수님의 이 훈계를 문자 그대로 받아들이지 않았습니다. 예수님의 말씀에는 익숙해 있었지만 그 모든 것이 궁극적으로 구속력을 가진다고는 생각하지 않았습니다. 그래서 난 예수님의 구속하시는 능력 안에서 하나님의 계명을 수행해야 하는 선행 조건을 소홀히 했습니다.

그러다 30세에 하나님은 내가 타협 없이 예수님을 따르지 못한 것을 회개토록 하셨습니다. 그 결과 내 삶에 변화가 일어났습니다. 회개를 통해 나는 예수님의 모든 계명을 꼭 지켜야 할 것으로 받아들이게 되었습니다. 그러자 예수님에 대한 온전한 사랑이 샘솟았습니다. 이 사랑으로 말미암아 그분의 말씀을 그 무엇보다도 진지하게 받아들이게 되었습니다. 그것은 마치 우리가 누군가를 사랑하면 그의 말과 소망과 요구들을 소중히 여

---

## 한 줄 묵상

**주님을 사랑하게 되니 내 속에서 한 가지 불타는
소망이 일었습니다. 그것은 주님이 내 안에 거처를
삼으시는 것이었습니다.**

---

기고 존중하는 것과 같습니다.

주님을 사랑하자 내 속에서 한 가지 불타는 소망이 일어났습니다. 그것은 주님이 내 안에 거처를 삼으시는 것이었습니다. 생각해 보니 난 세속적인 사건, 사람들, 근심, 일, 슬픔과 문제들에 너무 얽매어 있었습니다. 그러다 보니 내 마음의 방에는 그런 것들이 가득 차 버렸습니다. 주 예수 그리스도를 믿고 있었지만 그분이 내 온 마음을 소유하지는 못하셨습니다.

주님을 만나고 나는 단호한 결심을 했습니다. 그 결심은 성령의 인도하심에 의해 가능했습니다. 더 이상 내 관심을 끌었던 세상 것들과 사람들을 우선순위에 두지 않겠다는 결심이었습니다. 바쁜 일과도 결별키로 했습니다. 온종일 이리저리 움직이는 번잡한 하루는 지극히 위험하다고 생각했습니다. 바쁜 일과는 내 정신을 온통 빼앗아서 예수 그리스도의 존재마저 잊게 만드는 위험을 초래한다는 것을 깨달았습니다. 성령의 힘으로 주님 안에 변함없이 거하게 해달라고 간구했습니다. 그분과의 소통이 두절되는 것이야말로 두려운 일이었습니다. 그저 매 순간 그분과 동행하고 싶었습니다.

주 예수 그리스도가 내 안에 거하시는 것을 갈망했기에 매일 매일을 정신 바짝 차리고 살았습니다. 일상의 업무가 내 관심을 온통 사로잡는 일들을 의식적으로 경계했습니다. 난 가급적 빨리 많은 양의 일을 처리하기 위해 매일 아침 그날 해야 할 일들의 목록을 적어 놓곤 했었습니다. 그리고 그날에 계획한 분량을 마치기 위해 모든 정력을 완전히 일에 쏟았습니다. 그러나 이후로 나는 이런 방법을 버리고 내 생활을 다시 정비했습니다. 아침마다 그날 해야 할 일들을 모두 하나님께 기도로 맡기면서 그 목록을 치워 놓았습니다.

내가 계획한 모든 것을 완수하려고 궁리하는 대신 성령께서 사소한 것까지 인도해 달라고 기도했습니다. 그러자 매일 성령의 인도하심을 체험할 수 있었습니다. 주님이 내 안에 거하실 때 모든 것이 원활하게 진행됩니다. 해야 할 일의 리스트를 버렸지만 마감일을 넘긴 적이 없었습니다. 나의 날갯짓이 아니라 주님의 바람을 타고 갔기에 일체가 순조로웠습니다. 이런 비밀은 주님이 자신을 통해 일하시는 그 짜릿함을 경험하지 않는 사람들은 이해할 수 없습니다. 오늘 우리 주님이 당신 안에 거하시도록 기도하십시오. 그것이 지금 이 순간, 가장 먼저 해야 할 일입니다.

## 기도

주 하나님, 되돌아보니 전 너무나 세상 것에 얽매어 있었습니다. 제 마음을 가득 채운 것은 주님이 아니라 세상의 근심과 걱정, 계획, 사업뿐이었던 것을 깨닫고 회개합니다. 주님 저로 하여금 삶을 재정비하게 해 주옵소서. 먼저 주님이 내 마음 안에 거하실 수 있도록 마음을 청소하기 원합니다. 제 마음을 주님이 거할 아름다운 집으로 꾸미길 소망합니다. 주님 제 마음속으로 들어와 주시옵소서. 그리고 저를 다스려 주소서. 이제 저의 날개를 접습니다. 주님이 날게 해 주십시오. 오직 주님만 사랑하기 원합니다. 아멘.

## 노트

**마틴 로이드 존스 |** 하나님에게서 멀어진 것을 애통해하며 마지막으로 울어 본 적이 언제입니까? 우리 중에는 우는 법을 잊어버린 사람들도 있습니다. 하나님의 영광을 느끼고 너무 기뻐서 울어 본 적, 그 순전한 기쁨 때문에 마지막으로 울어 본 적이 언제입니까?

# 예수님을 내 마음에
# 거하시게 하라(2)

"여호와의 말씀에 시온의 딸아 노래하고 기뻐하라
이는 내가 와서 네 가운데에 머물 것임이라"

스가랴 2:10

하나님은 회개하는 겸손한 심령을 가진 이들과 함께 하시는
고귀한 분이십니다. 나는 그분이 내 안에 거하시기를 오랜 세월
동안 기도해 왔습니다. 그러나 내 마음이 아직 교만했을 때 그
분은 내 기도에 온전히 응답하실 수 없었습니다. 그분은 먼저
나를 낮추시고 겸손하게 만드셔야 했고 그 과정을 되풀이해야
만 했습니다. 그렇지 않으면 그분이 우리 안에 거처를 삼으시겠
다는 약속을 지키실 수 없기 때문입니다.

일단 주님이 내 마음 안에 거하게 되면 모든 생활 속에 축복
이 부어집니다. 주님의 내재하심을 통해 마음 깊숙한 곳에 평
안이 찾아옵니다. 그 평안은 위로부터 허락된 것입니다. 그래
서 누구도, 어떤 것들도 그 평안을 빼앗아 갈 수 없습니다. 겉으
로는 간혹 폭풍이 불고 풍랑이 휘몰아쳐도 내 속 깊은 곳은 조
용한 바다와 같습니다. 예수 그리스도가 자신의 거처를 내 마음
깊은 곳에 정하시고 나의 평안이 되셨기 때문입니다. 예수님은
자신의 지혜로 이미 모든 것에 대한 해결책을 계획해 놓으셨습
니다. 그분은 나를 도우시는 분이십니다.

그래서 어떤 어려움이 닥쳐도 침착하게 됩니다. 내 영적 딸들

**나의 소망을 포기할 때,
하나님의 소망이 내 안에 가득 차게 됩니다.**

---

은 기독교마리아자매회를 지도하면서 큰 어려움과 문제들에 직면했을 때 내가 얼마나 조용하고 침착한지를 보며 감탄했다고 합니다. 이 침착함은 오직 하나님의 고귀한 선물인 예수님의 내재하심 때문이었습니다.

주님이 내 마음속에 들어오시자 내 뜻은 하나님의 뜻에 용해되어 버렸습니다. 내 뜻이 사라졌습니다! 우리의 뜻이 그분의 뜻에 연합될 때 그 결합은 좌절과 방해, 문제와 고난을 겪게 될 때도 안전하게 남습니다. 예수님의 내재하심을 진실로 경험하지 못했을 때, 내게는 하나님의 뜻을 어떻게 발견해야 하는지가 커다란 수수께끼였습니다. 그러다 주님께서 내 마음에 거처를 삼으셨을 때, 그제야 나는 깨달을 수 있었습니다. 바로 하나님의 뜻을 분간하기 원한다면 먼저 우리 뜻과 우리 자신의 생활을 지배하려는 욕망을 포기해야 한다는 사실을요. 그렇습니다. 먼저는 권리를 하나님께 이양해야 합니다. 그럴 때에만 하나님은 모든 문제에서 우리를 인도하십니다.

하나님의 뜻을 인식하는 법을 배우는 것은 하나의 과정이며 영적 훈련입니다. 첫 단계는 권리 이양, 즉 포기의 결심을 하는 것입니다. 이 세상에서 우리가 귀하게 여기는 것을 주님을 위해 모두 내려놓을 때, 우리는 그 무엇보다 주님을 더욱 사랑하는 길을 택하게 됩니다. 우리의 의지, 의견, 소원을 포기하는 일은 가치 있습니다. 내 소원의 포기가 가치 있다는 말이 진실로 이해가 된다면 기뻐하십시오. 주님이 마음 안에 들어오신 것입니다.

우리 자신을 완전히 드려 말씀 속에 나타난 하나님의 뜻만이 우리를 사로잡게 하는 것은 가치 있는 일입니다. 그러면 하나님께서 직접 오셔서 우리 안에 거하시며, 우리 소원을 만족시키시며, 우리를 그분의 사랑으로 채워주십니다. 우리는 포기하지만 우리 안에 거하시는 하나님께서 우리가 바라는 모든 것을 충족시켜 주신다는 사실이야말로 복음이 아닙니까?

우리가 그분의 말씀을 지키며, 그분의 뜻을 따르면 그분은 우리 안에 거하실 수 있습니다. 우리가 새롭게 회개하며 통회하는 심령을 갖고 우리 의지를 그분의 뜻과 연합시키면 그분이 찾아오셔서 우리 마음에 자리 잡습니다. 그분의 내재하심은 천국의 향취와 평안, 기쁨과 축복을 우리에게 허락할 것입니다. 그래서 오늘 우리가 해야 할 최우선적인 소명은 "내가 네 안에 머무르면서 살겠다"는 하나님의 말씀에 "예!"라며 의지적으로 선택하는 것입니다.

## 기도

하나님, 이 시간 당신께 저의 모든 권리를 양도합니다. 저의 의지와 의견, 소원을 포기합니다. 제가 세상에서 귀하게 여긴 모든 것들을 내려놓습니다. 오직 하나님의 뜻만이 저를 사로잡게 해 주시옵소서. 주님, 제 마음 안으로 들어와 주십시오. 주님이 제 안에 거하시는 것이 저의 소망되게 해 주세요. 이 땅에서 결국 사라지고 말 것들에 마음을 빼앗기지 않게 해 주시고, 영원히 남는 것에 인생을 투자할 수 있게 해 주시옵소서. 이 땅에서 천국의 향취를 맛보는 삶을 살기 원합니다. 당신을 사랑합니다. 아멘.

## 노트

**아더 핑크** ㅣ 마음을 지킨다는 것은 '주님을 항상 내 앞에 모심'을 의미한다.

# 8

# 하나님의 진노의 날을
# 기억하라

"그러므로 우리가 흔들리지 않는 나라를 받았은즉
은혜를 받자 이로 말미암아 경건함과 두려움으로
하나님을 기쁘시게 섬길지니"

히브리서 12:28

　우리는 이 땅에서의 삶이 영원히 지속될 것처럼 살아갑니다. 그러나 명심할 것이 있습니다. 이 세상의 시간은 얼마 남지 않았습니다. 지금 이 땅에서 보이는 여러 가지 징조들을 볼 때, 마지막 때가 다가오고 있습니다. 세상은 평화를 원하지만 전쟁의 소문이 들려오고 있습니다. 끝없는 풍요가 우리 앞에 있을 것으로 여겨졌지만 경제 위기는 도처로 확산되고 있습니다. 핵무기 한 방이면 지금 우리가 누리는 모든 것이 사라질 정도로 우린 취약한 상태에 있습니다.

　무엇보다도 심각한 것이 있습니다. 그것은 죄입니다. 죄는 날마다 세력을 더해가고, 갈수록 추악해지며, 이 땅에 만연해지고 있습니다. 죄악이 하나님의 심판과 징벌을 불러일으키고 있습니다. 죄는 하나님의 진노를 불러일으킵니다. 죄를 쌓아가고 있는 인류에게 하나님의 진노가 임할 것입니다. 죄에 빠진 인간들은 "하나님의 심판 따위가 어디 있어?"라고 호기롭게 말합니다. 그러나 하나님의 심판은 홀연히 임합니다. "그들이 평안하다, 안전하다 할 그 때에 임신한 여자에게 해산의 고통이 이름과 같이 멸망이 갑자기 그들에게 이르리니 결

**하나님은 자녀들이 죄악을 행함으로 그 안에 있는
하나님의 형상이 파괴되는 것을 슬퍼하십니다.**

코 피하지 못하리라"(살전 5:3)

멸망은 우리가 안전하다고 느끼는 그때에 아무런 예고 없이 찾아올 것입니다. 그때엔 아직까지 보류하셨던 하나님의 진노가 거센 폭풍처럼 이 세상에 쏟아져 내릴 것입니다. 이것은 "소멸하는 불"(히 12:29)이신 하나님의 개입을 통해 이뤄질 것입니다. 그리고 인간들이 스스로 그 심판을 행할 것입니다. 인간들은 권력욕과 미움에 사로잡혀 세상이 아직까지 본적 없는 가공할 만한 전쟁을 일으키는 데 조금도 주저하지 않을 것입니다. 세상에 만연한 죄의 크기에 비례하는 전쟁이 일어날 것입니다. 그런 전쟁이 일어나는 것은 인간들의 생각이나 권력자들의 협상 여부에 달려 있지 않습니다. 극악한 죄악이 하늘에까지 미치게 하는 세상을 심판하실 그날을 하나님이 결정하실 것입니다.

이 세상에 대한 마지막 때의 심판이 어떠할 것인가에 대해서는 선지자 이사야가 우리에게 잘 말해 주고 있습니다. "보라 여호와께서 불에 둘러싸여 강림하시리니 그의 수레들은 회오리바람 같으리로다 그가 혁혁한 위세로 노여움을 나타내시며 맹렬한 화염으로 책망하실 것이라 여호와께서 불과 칼로 모든 혈

육에게 심판을 베푸신즉 여호와께 죽임 당할 자가 많으리니"(사 66:15~16) "보라 여호와의 날 곧 잔혹히 분냄과 맹렬히 노하는 날이 이르러 땅을 황폐하게 하며 그 중에서 죄인들을 멸하리니"(사 13:9)

하나님은 자식을 염려하시는 아버지로서 심판을 행하십니다. 오직 사랑만이 그렇게 할 수 있습니다. 그것은 죄악의 길을 선택해 멸망의 길로 치닫고 있는 자녀들을 둔 부모님의 심정과 같습니다. 하나님은 자녀들이 죄악을 행함으로 그 안에 있는 자신의 형상이 파괴되는 것을 슬퍼하십니다.

물론 주님께서는 세상에 대한 심판을 내리시기 전에 사랑과 인내하심으로 오래 참고 기다리실 것입니다. 노아의 때처럼 말입니다. 하나님은 노아가 방주를 지을 때까지 기다리셨습니다. 그러나 하나님은 마냥 기다리지만은 않습니다. 그날은 결국 옵니다!

하나님께로 돌아오라는 메시지를 전할 때 되돌아올 사람들의 반발들이 아무리 심하더라도 그날을 경고해야 합니다. 사람들에게 거듭 소리치기 위해서 내게 더 큰 사랑이 필요합니다. 부디 하나님의 진노의 시간이 다가오고 있다는 사실을 기억하십시오. 사람들이 이 사실을 알게 도와주십시오. 그들에게 "오늘 당장, 하나님께로 돌아갑시다"라고 외칩시다.

# 기도

아버지 하나님, 하늘을 생각하지 않고 이 땅만 바라보고 살았던 것을 회개합니다. 이 땅에서의 삶에 취해 하늘 아버지를 잊을 때가 얼마나 많은지요. 저를 용서해 주시기 바랍니다. 도처에 만연되어 있는 죄의 냄새를 맡습니다. 제 자신으로부터 나오는 악취도 심각합니다. 여호와 하나님께서 내리실 진노의 잔을 받아야 마땅한 저희입니다. 하나님, 때를 잘 살피게 해 주십시오. 그래서 영혼들이 돌이켜 아버지께로 돌아가게 도와주소서. 당신의 진노의 날을 맞지 않도록 깨어 기도하게 해 주십시오. 아멘.

---

# 노트

**짐 엘리엇** ㅣ 영원한 것을 얻기 위하여 영원하지 않은 것을 버리는 사람은 결코 바보가 아니다.

# 거룩한 생명을 소유하라

## 9

"예수께서 이르시되 네 마음을 다하고 목숨을 다하고
뜻을 다하여 주 너의 하나님을 사랑하라 하셨으니
이것이 크고 첫째 되는 계명이요 둘째도 그와 같으니
네 이웃을 네 자신 같이 사랑하라 하셨으니"

마태복음 22:37~39

거룩한 생명을 소유하고 있는 자들은 하나님과 이웃에 대한 진실한 사랑의 불꽃을 마음에 지니고 있습니다. 거룩한 생명은 사랑입니다. 이때 사랑이란 단순히 감정적인 사랑을 의미하지는 않습니다. 예수님을 향한 사랑으로 인해 그분과 함께 십자가의 길을 가며, 인내와 하나님께 대한 헌신으로 고난을 견디어 내는 사랑입니다. 예수와 그의 나라를 위해 자신을 기꺼이 희생하는 사랑입니다. 자신들에게 고통을 주고 미워하는 자들을 용서하고 그들의 죄를 기억하지 않으며 온유함으로 그들을 대하는 사랑입니다. 이런 실제적인 행동으로 증거되는 사랑이 거룩한 사랑입니다.

이 사랑 가운데 불타는 자들은 오늘날 예수님이 수모와 모욕, 미움을 당하시는 것을 그냥 바라볼 수 없습니다. 이 사랑 가운데 불타는 자들은 분연히 일어나 그것에 반대하며 아무리 모욕과 조소를 받아도 예수 그리스도를 증거하게 됩니다. 이들은 행동합니다. 신성모독의 영화가 상영될 때에 그저 가만히 있지 않습니다. 그 영화의 위험성을 경고하며 사람들 앞에서 예수님이 진정 어떠한 분이신지를 증거합니다. 사랑하기 때문입니다. 이

**거룩한 생명을 지닌 자들만이 세상에 맞서
끝까지 주 예수 그리스도를 증거할 수 있습니다.**

사랑을 지니고 싶지 않습니까?

이 사랑을 얻고자 하는 사람은 예수의 제자로서 그분을 위해 나를 포기할 각오가 되어 있어야 합니다. 거룩한 생명은 마음속에 있는 쓴 뿌리를 용납하지 않습니다. 거룩한 생명은 남을 판단하고 시기하며 화해하지 않으려는 마음을 거부합니다. 거룩한 생명은 비겁함과 간음에까지 이르는 정욕의 생활과 폭동, 거짓, 중상모략을 용납하지 않습니다. 거룩한 생명은 지금 이 시대가 허락하고 있는 모든 악한 것들을 배격합니다.

물론 거룩한 생명을 지니고 있는 자들에게도 죄는 여전히 남아 있습니다. 이 죄, 특히 사랑을 거스른 죄에 대항해서 그들은 계속 싸우고 있습니다. 거룩한 생명을 소유한 자들은 "피흘리기까지"(히 12:4) 죄악에 대항합니다. 그들은 자신의 부족과 죄악을 인정합니다. 그들은 하나님께 날마다 회개로 나아갑니다. 죄악에 빠졌을 때는 그것을 주님의 빛에 비추어 보고 하나님과 사람들 앞에서 그것을 고백하고 돌이킵니다. 예수의 피가 그들을 정결케 하도록 합니다. (요일 1:7)

자신감이 팽배한 오늘날의 시대사조와는 반대로 이들은 하나님의 심판의 징조들이 자신들을 지나쳐 갈 때마다 "입을 티끌에 대고"(애 3:29) 있습니다. 마음으로부터 겸손과 낮아짐을 구합니다. 폭력을 사용하는 대신 이들은 "욕을 당하시되 맞대어 욕하지 아니하시고 고난을 당하시되 위협하지 아니하신"(벧전 2:23) 예수님의 발자취를 따라 어린양의 가신 길을 선택합니다. 주의 종들로서 이들은 주님이 가신 십자가의 길에 서며 주님을 따를 준비를 하고 있습니다. 예수님께서 그들에게 지워주신 십자가를 그들은 기꺼이 받아들입니다. 이해할 수 없는 하나님의 섭리 앞에 무릎을 꿇습니다. 그들은 고백합니다. "하나님 아버지, 나는 당신을 이해하지 못합니다. 그러나 당신의 사랑을 신뢰합니다." 그리고 그들은 끊임없이 하나님과 사랑의 연합을 하는 삶을 살고자 합니다. 그래서 어떤 고난 속에서도 평안을 누릴 수 있으며 강건하고 쓰러지지 않을 수 있는 것입니다.

오늘 우리에게는 거룩한 생명이 필요합니다. 거룩한 생명을 지닌 자들만이 하나님을 사랑하고, 그 사랑으로 이웃을 사랑할 수 있습니다.

# 기도

하나님 아버지, 저로 하여금 거룩한 생명의 소유자가 되게 허락하소서. 제 힘으로는 아버지 하나님을 사랑할 수 없습니다. 이웃도 사랑하기 어렵습니다. 오직 하나님이 주시는 생명을 지님으로 진실한 사랑을 할 수 있습니다. 그래서 이 시간 아버지께 간구합니다. 거룩한 생명을 주시옵소서. 폭포수처럼 그 생명이 용솟음치게 도와주소서. 그래서 하나님 아버지와 연합한 삶을 살게 해 주소서. 세상과 나는 간 곳 없고, 구속한 주만 보이는 삶을 살기 원합니다. 아멘.

---

# 노트

**조지 뮬러** ㅣ 의인은 아무리 열려 보이는 길이 있더라도 하나님이 그 길로 걸어가는 것을 허락하셨는지 물어봅니다. 하나님은 나보다도 나를 더 잘 아시는 분이십니다. 그분은 나의 사랑과 믿음, 순종의 진실성을 꿰뚫어 보십니다. 주님의 뜻을 구하다보니 저는 사람들이 보기에 어처구니없는 방향을 가기도 했는데, 감사하게도 대부분 올바른 방향으로 인도되었습니다. 하나님의 지도를 받았기 때문입니다.

# 회개하라(1)

> "주와 같은 신이 어디있으리이까 주께서는 죄악과 그 기업에
> 남은 자의 허물을 사유하시며 인애를 기뻐하시므로 진노를
> 오래 품지 아니하시나이다"
>
> 미가 7:18

하나님을 만나고 싶으십니까? 그분을 만나기 위해선 일차 관문을 통과해야 합니다. 그 문의 이름은 회개입니다. 먼저 돌이켜야 합니다. 그러면 하나님을 경험할 수 있습니다. 회개는 일회로 끝나지 않고 매일의 삶에서 반복되어야 합니다. 그러면 우린 매일 하나님을 만날 수 있습니다. 하나님의 얼굴을 보는 것이야말로 우리 삶의 가장 소중한 목표라고 한다면 회개는 그 목표를 이루기 위한 최우선적인 필요조건입니다.

기독교마리아자매회를 방문한 사람들이 공통으로 하는 질문이 있습니다. "얼굴이 어떻게 그리 맑을 수 있습니까?" 그러고 보니 우리 자매들의 얼굴은 참 맑습니다. 그들은 세상 사람들이 보기에 형편없는 음식을 먹고, 기도하고 노동하는 단조로운 삶을 살고 있지만 모습 전체에 거룩한 신성과 깊은 평화, 잔잔한 기쁨이 엿보입니다. 왜 그럴까 생각해 봅니다. 바로 기독교마리아자매회는 회개의 공동체이기 때문입니다.

우리 하나님은 허물을 용서하시는 분이십니다. 오, 주와 같은 신이 어디 있겠습니까? 하나님께 찬양과 영광을 돌릴 일이 많이 있지만 이 지상에서 가장 큰 하나님의 선물인 죄의 용서에 대한

## 한 줄 묵상

**회개는 십자가로 돌이킴, 바로 터닝(Turning)입니다.**

즐거움보다 더한 것은 없습니다. 하늘에선 회개하는 죄인 하나를 두고 크게 기뻐합니다.

회개함으로써 우린 기쁨으로 충만한 삶을 살 수 있습니다. 미가서 7장 18절의 말씀을 통해 우린 기쁨을 되찾을 수 있습니다. "주님처럼 죄악을 용서하는 신이 누구이겠습니까?"란 구절에서 죄에 빠진 인간의 살길이 나옵니다. 이 회개를 통한 기쁨의 길을 경험하기 위해서 우린 기꺼이 대가를 치러야 합니다. 돌이키는 대가 말입니다. 그리고 이 보배가 주어질 때까지 간절히 지속적으로 기도해야 합니다. 회개하지 못하는 사람은 모든 것을 잃는 사람입니다. 참회하고 회개할 수 있다면 필요한 모든 것을 얻을 수 있습니다. 회개함으로써 하나님의 은총을 받을 수 있기 때문입니다. 진정한 기쁨과 행복의 길은 회개에 있습니다. 이 회개야말로 예수님께 대한 사랑과 기쁨이 흘러넘치는 샘물과 같습니다. 만일 우리의 마음에서 통회와 회개의 샘이 솟아난다면 사랑과 기쁨이 강물처럼 우리에게서 흘러갈 것입니다.

이 사랑과 기쁨이 흘러넘칠 때에 우린 비로소 사역을 시작할 수 있습니다. 마음 깊숙한 곳에 이 기쁨의 소리가 가득 차지 않고서야 어떻게 사죄의 복음을 타인에게 전할 수 있겠습니까? 지금 왜 도처에서 사역이 힘들다고 아우성치고 있을까요? 바로 이 사역에 필요한 능력과 권위가 결여되어 있기 때문입니다. 주의 보혈에 능력이 있습니다. 그 주의 보혈로 내 모든 죄악이 씻겼음을 믿을 때, 더 할 수 없이 귀한 희생을 치르신 어린양을 반짝이는 눈으로 바라볼 수 있을 때, 능력과 권위를 지니게 되는 것입니다. 그리할 때, 어느 곳에 가서 어떤 사역을 펼치더라도 풍성한 열매를 거둘 수 있습니다.

여전히 죄악 가운데 허우적거리고 있는 사람들에게 말씀드리고 싶습니다. 지금 당장 돌이키십시오. 십자가로 돌이킴, 바로 터닝(Turning)입니다. 돌이킬 수 없는 중한 죄는 없습니다. 어떤 죄악을 지었건, 돌이킬 때에 주님은 그 죄악을 용서해 주십니다. 거기에서부터 새 피조물이 되는 것입니다. 새 피조물이 되어 새 일을 행할 때 새 역사가 펼쳐질 것입니다.

교도소만큼 자기 의를 주장하는 사람이 많이 모인 곳이 없다고 합니다. 교도소의 죄수들은 "나는 실제론 무죄하고 깨끗하다"고 주장한다고 합니다. 우리 역시 '나는 깨끗하다'는 생각 속에 보이지 않는 감옥 속에 갇히기 쉬우며, 주 안에서의 참된 자유와 기쁨을 누리지 못할 수 있습니다. 우린 모두 형편없는 자격 미달자들입니다. 그러나 우리 주님께서 우리 형편을, 자격을 보지 않으시고 회개의 영으로 돌이키는 우리를 사랑으로 받아주십니다. 그것이 은혜입니다. 그 은혜에 잠기기 위한 첫 관문이 회개입니다. 지금은 돌이킬 때입니다. 그 자리에서 터닝하십시오.

## 기도

하나님, 자격 미달인 저를 받아 주셔서 감사합니다. 정말로 주와 같은 신이 어디 있겠습니까? 죄악을 사하시고 생각지 않으시는 주님, 이제 죄에 대한 정죄감에서 해방되기 원합니다. 지금 이 시간, 당신께로 돌이킵니다. 회개를 슬픔이나 율법주의로 받아들이지 않게 해주십시오. 회개를 통해 다가올 기쁨과 행복을 늘 간직하길 소망합니다. 하나님, 이 시간 회개를 위한 대가를 치를 것을 결단합니다. 그동안 내가 사랑했던 모든 것 내려놓고 주님 앞에 나아갈 것을 다짐합니다. 저를 지켜 주소서. 아멘.

## 노트

**C. S. 루이스** | 하나님의 죽음을 나누어 가질 때에만 우리는 회개라는 죽음을 시도할 수 있습니다. 그러나 하나님이 죽지 않는 한 우리는 그의 죽음을 나누어 가질 수 없습니다. 그리고 하나님은 인간이 되지 않는 한 죽으실 수 없습니다. 이것이 그가 우리의 빚을 갚으셨으며 그로서는 전혀 겪을 필요가 없는 고통을 우리를 위해 겪으셨다는 말에 담긴 뜻입니다.

# 회개하라(2)

"그가 빛 가운데 계신 것 같이 우리도 빛 가운데 행하면
우리가 서로 사귐이 있고 그 아들
예수의 피가 우리를 모든 죄에서 깨끗하게 하실 것이요"

요한1서 1:7

1944년 9월 11일 밤과 12일 새벽 사이 독일의 다름슈타트시는 공습으로 불바다가 되었습니다. 18분 동안의 공중폭격으로 도시는 거의 파괴되었습니다. 온 도시가 불길에 휩싸여 불바다가 되었고 파편 더미는 산더미처럼 쌓였습니다. 외곽에 있던 집들만 겨우 남았고, 아침에 수천 명이 공습으로 불타 파괴된 잿더미 아래 깔린 채 발견되었습니다.

그동안 우리가 해왔던 여자 성경 공부반의 사역도 잿더미 속에 파묻힌 것 같았습니다. 그러나 놀랍게도 공습의 밤을 지낸 닷새 후인 주일 오후, 한 무리의 소녀들이 우리를 찾아왔습니다. 소녀들은 우리가 살아 있는가 보러 온 것이었습니다.

수년간 우리는 부흥을 위해 기도해 왔습니다. 그러나 부흥은 오지 않았습니다. 그러다 심판의 밤이 우리 그룹에 속한 많은 소녀들에겐 은혜와 부흥의 밤이 되었습니다. 교만하던 소녀들이 죽음을 직면하고 하나님의 영원한 심판에 대한 경외감으로 눈물 흘리며 자신의 죄를 자백하고 통회하게 되었습니다. 우리가 성경 공부를 하는 동안 예수님의 용서를 경험하면서 처음으로 구원의 기쁜 노래가 터져 나왔습니다. "오 주여, 당신의 보

# 한 줄 묵상

**죄의 자각과 회개로부터 새로운 생명이 솟아납니다.**

---

혈로 구원받은 이 기쁨을…"이란 가사의 찬송이 우리 중에 아주 새롭게 울려 퍼졌습니다. 외적으론 행복할 만한 이유가 전혀 없었지만, 넘치는 기쁨의 영이 우리를 사로잡았습니다. 점점 심해지는 공습으로 인해 더욱 많은 마을들이 불탔고, 수천 명이 목숨을 잃었습니다. 그 비참함은 이루 말할 수 없었습니다. 우리 그룹 소녀들의 가족들 가운데 목숨을 잃은 사람들도 많았습니다. 그럼에도 소녀들은 기쁨을 잃지 않았습니다.

그 상황에서 단 하나, 예수님의 이름만이 그들의 기쁨과 소망의 근원이었습니다. 전에는 이들 가운데 그 이름이 이처럼 빛나 본 적이 없었습니다. 전에는 그들이 예수님의 이름을 몰랐기 때문일까요? 아니요, 정말 아주 잘 알고 있었습니다. 하지만 이전에는 지금처럼 자기들의 죄를 고백하며 회개하는 눈물을 흘리지 않기에, 예수님의 이름이 그들 마음속에서 기쁨이 되지 못했던 것입니다. 만일 한 죄인이 회개할 때 천국에서 기쁨이 넘친다면, 어찌 이 지상에선 기쁨이 넘치지 않겠습니까!

그때, 개인의 죄를 깨달으며 회개의 영이 일어났습니다. 우린 무엇보다도 그리스도인으로서 독일의 심각한 죄를 깨달았습니다. 국가를 위한 회개가 불타올랐습니다. 우리가 시험의 시간을 잘 대처하는데 완전히 실패했었다는 사실을 깨달았을 때 마음 아팠습니다. 주의 심판이 독일 위에 드리워졌을 때, 우리는 기도와 간구에 헌신하지 않았습니다. 거룩하신 하나님 앞에 겸손히 엎드리지 못했습니다. 매일 밤 수천 명의 형제·자매들이 죽어갔는데도 중보하지 못했습니다. 지난 시절, '하나님의 눈동자'인 유대인들이 그토록 잔인하게 학대받으며 죽어가도 아무런 도움의 손길을 내밀지 못했습니다.

우리는 겉으로는 아주 종교적이었습니다. 매일 아침 하나님의 말씀을 읽었고, 매주 마다 성경 공부에 참여했습니다. 그럼에도 우리는 우리 자신을 몰랐습니다. 그런데 그 참혹한 날을 겪으며 회개할 때, 그제야 우리 눈에서 비늘이 떨어져 우리의 소경 됨을 알게 되었습니다. 우리가 지닌 죄의 심각성을 자각한 후부터 기도에 몰두했습니다. 우리 국민들을 위해 "성 무너진 데를 막아 서서"(겔 22:30) 고쳐 나가겠다는 다짐을 하게 되었습니다.

1945년 2월 어느 주일 우리는 '블루 룸(blue room)'이라는 작은 방에서 성경 공부 시간을 가졌습니다. 나는 이방 민족인 니느웨 사람들이 하나님의 심판에 대한 경고만 듣고도 베옷을 입고, 재를 쓰며 얼마나 회개했는가를 이야기하며 그리스도인인 우리가 하나님의 심판 아래 있으면서도 회개하지 않았음을 나눴습니다. 갑자기 회개의 소나기가 그 자리에 참석한 모든 사람들에게 쏟아져 내렸습니다. 다른 사람들 앞에서 결코 큰 소리로 기도하지 않았던 소녀들이 동시에 큰 소리로 기도하기 시작했습니다. 진정한 회개의 역사가 시작됐습니다. 우리의 죄와 우리가 실행하지 못했던 모든 것을 자각하며 진정한 회개의 눈물을 흘렸습니다. 새로운 시작은 거기서부터 시작됐습니다. 죄의 자각과 회개로부터 새로운 생명이 솟아난 것입니다. 이 회개의 역사가 오늘 이 시간에도 동일하게 일어나기를 소망합니다.

---

## 기도

주님, 남한과 북한의 청소년들에게 부흥이 일어나길 간절히 기도합니다. 나부터 시작해서 죄의 자각과 회개의 삶을 살기 원합니다. 모든 일을 남의 탓으로 돌리며 참 기쁨이 없는 삶을 살아왔습니다. 성령님, 우리의 모든 죄악이 주님의 빛 가운데 낱낱이 드러나게 하시고 우리 자신이 눈먼 자였음을 깨닫게 해주십시오. 회개의 영을 부어주시고 '성 무너진 데를 막아서는' 진정한 중보자가 되게 하소서. 아멘.

---

## 노트

**필립 얀시** ┃ 받으려고 손 벌린 자세, 그것이 곧 내가 말하는 '은혜의 손잡이'다. 은혜는 받아야 하는 것이며, 그 행동을 기독교 용어로 회개라 한다. 회개란 은혜로 들어가는 문이다.

# '사랑의 길'을 떠나자

> "주의 얼굴을 뵈오리니 깰 때에
> 주의 형상으로 만족하리이다"
> 시편 17:15

만일 하나님께서 나에게 작지만 고통스러운 십자가를 주셨다고 해 봅시다. 그러면 반드시 하나님께서 고통이란 십자가 안에 나를 위한 선물을 준비해 두셨다는 사실을 신뢰해야 합니다. 사랑이란 언제나 선물을 가져다주며 사랑하는 이를 기쁘게 해주는 것이기 때문입니다. 하나님은 이런 사랑의 근원이며 정수이십니다.

공허한 믿음의 공식처럼 '하나님은 사랑이시다'라고 선포할 수는 없습니다. 하나님의 사랑을 믿을 때에는 그 이상의 것이 있는 법입니다. 하나님께서 우리로부터 건강이나, 명예, 가족의 상실 등 무엇인가를 취하실 때는 아버지의 인자하심으로 더욱 큰 것, 더욱 우리를 기쁘게 할 것으로 갚아 주신다는 점을 확실하게 기대해야 합니다. 그것이 사랑의 길을 가는 것입니다.

내 인생 여정은 믿음으로 하나님 사랑의 약속에 매달린 세월이었습니다. 난 필사적으로 매달렸습니다. 그리고 어떠한 어려운 여건에서도 하나님이 개입하시리라는 사실을 굳건히 믿고 사랑의 길을 가기로 결정했습니다. 사랑의 길을 가는 사람은 어떤 경우에도 하나님의 뜻에 따릅니다. 인간의 의지로는 이해가

**하나님께서 고통이란 십자가 안에 나를 위한 선물을
준비해 두셨다는 사실을 신뢰하십니까?**

되지 않아도 순종합니다. 내 경우에 하나님의 말씀에 무조건 순종할 때에 놀라운 변화가 일어났습니다. 주님은 내가 내 신체 상태에 대해 어느 정도 초연하게 해 주셨습니다. 그래서 연약함이나 병이 나를 제한하지 못하도록 하셨습니다. 그러자 주님의 은혜로 인해 성령의 힘이 육체의 피로와 병을 이긴다는 것을 알게 되었습니다. 놀랍게도 사람이 건강할 때보다 병이 났을 때에 더 많은 일을 할 수 있다는 사실을 발견했습니다. 하나님의 놀라운 능력이 약한 데서 온전해지기 때문입니다.

하나님의 사랑의 돌보심을 믿으십시오. 그분의 말씀에 순종하십시오. 그러면 병약한 상태에서도 밤늦게까지 기도하고 낮동안에 업무를 볼 수 있을 것입니다. 내가 쓴 대부분의 책들은 약하고 지친 상태에서 써진 것입니다. 종종 생각도 추스를 수 없을 정도로 지친 밤에 하나님의 뜻에 따라 문장을 쓰다 보면 그 결과가 의심스럽기까지 합니다. 나중에 그 원고를 읽어보면 성령께서 이루신 일에 대한 감사와 놀라움을 금치 못하는 경우가 많았습니다.

사랑의 길을 갈 때엔 또한 새벽마다 기도하고 싶다는 내적 충

동에 사로잡힙니다. 새벽에 일어나서 기도할 때마다 세상에서 가장 아름다운 얼굴인 예수님의 얼굴을 보게 됩니다. 그분이 나를 보시며 미소 짓습니다. 시편 기자처럼 그분의 아름다운 모습에 흠뻑 빠지게 됩니다. 물론 마음속으로 예수님의 얼굴을 보는 것이지만 실제로 본 것보다 더욱 확실하게 다가옵니다. 그때, "주의 얼굴을 뵈오리니 깰 때에 주의 형상으로 만족하리이다"(시 17:15)는 고백을 하게 됩니다.

사랑의 길을 가면서 천국의 향취를 맛보게 됩니다. 예수님께서 내게 천국의 향취인 그의 사랑과 영광, 아름다움을 경험케 하시면서 그토록 가까이 이끄실 때, 그 행복과 기쁨은 형언할 수 없습니다. 사랑의 길을 가더라도 질병과 고난은 따라올 것입니다. 그러나 질병과 고난이 천국의 향취를 이 땅에서 맛보는 축복을 가져다준다면 어떻게 자신의 십자가를 찬양하지 않을 수 있겠습니까?

사랑의 길을 떠난 자들은 권리 포기서에 서약한 사람들입니다. 자신의 것을 주장하지 않습니다. 그런 자들에게는 보상이 있습니다. 예수님께 내 마음의 욕망을 바치고 내 권리를 포기함으로써 놀라운 발견을 하게 됩니다. 이 땅에서 맛보지 못할 더 맛있는 것을 발견하게 됩니다. 이 땅에서 경험하지 못한 천국의 향취를 맛보게 됩니다. 누구든지 자기 생명과 가치 있게 여기는 것을 스스로 포기하는 자는 참 생명, 곧 예수 그리스도 자신을 얻게 됩니다. 그리고 그분의 사랑을 맛보아 알게 됩니다.

우리 모두 길을 나선 자들입니다. 사랑의 길은 자기 권리를 포기하면서 떠날 수 있습니다. 그 길에서 천국의 향취를 맛보게 됩니다. 이제 그 길로 떠납시다.

## 기도

주님, 제게 사랑의 길을 택해 떠날 용기를 허락해 주십시오. 주님이 저를 이 사랑으로 먼저 사랑하셨기에 가능한 길인 줄 믿습니다. 하나님 아버지의 사랑을 신뢰하기에 "네, 하나님"이라고 반응하며 행하기를 소망합니다. 내가 약할 때 주의 능력이 내게서 강하게 드러나게 하소서! 아멘.

## 노트

**옥한흠** | 단연코 한국 교회는 벼랑에 섰다. 이 상황을 바꿀 수 있는 것은 다음 세대 목회자들, 그중에서도 하나님의 손에 붙들린 소수일 것이다. 그 소수는 아마 하나님의 비전을 자기의 비전으로 삼을 사람들일 것이다. 하나님의 꿈을 당신의 꿈으로 만들라. 가장 작은 자가 천을 이루는 꿈 말이다.

# 연약함을 기쁘게 받아들이라

"내 은혜가 네게 족하도다
이는 내 능력이 약한 데서 온전하여짐이라"

**고린도후서 12:9**

　난 육신적으론 평생 연약함 속에서 살았습니다. 어쩌면 대부분의 사람들이 스스로를 약하다고 생각할지 모르겠습니다. 그래서 그 약함을 거둬 달라고 수차례 기도를 하고, 외부로부터 다양한 도움을 받아보았지만 아무런 효과를 거두지 못했을 수도 있습니다. 나도 이런 상태에 익숙합니다. 그리고 그것이 얼마나 괴로운 것인지 잘 알고 있습니다.

　그러나 이런 상태에서 벗어나 승리하는 방법 또한 배웠고, 이 고통 가운데 역시 하나님께서 숨겨놓으신 귀중한 보물이 있음을 발견했습니다. 나는 오랫동안 여러 질병으로 고통받았습니다. 체력이 약해서 힘들어했습니다. 한 모임의 리더로서, 사역이 확장되어갈 때마다 나에게 맡겨진 많은 임무를 감당할 힘을 어디서 얻어야 할지 막막했습니다. 예수님께서는 이런 상황에 처한 나를 도우셨습니다. 그래서 내가 약할 때 강한 힘을 공급해 주심을 증명하셨습니다.

　그때, 고린도후서 12장 9절 말씀이 내 마음을 감동시켰습니다. 이 말씀은 놀라운 방법으로 내 삶에서 실현되었습니다. 난 생각했습니다. '주님의 능력이 약함 안에서 완전해진다면, 내

**주님의 능력이 약함 안에서 완전해진다면,
내가 약함을 두려워해야 할 이유가 무엇이겠는가?**

가 약함을 두려워해야 할 이유가 무엇이겠는가? 내가 약할 때
주님께서는 나를 통해 주님의 능력을 나타내실 것이다. 그리고
주님의 능력은 내 능력보다 훨씬 강하다. 이 얼마나 엄청난 약
속인가!'

나는 더 이상 견딜 수 없다고 느낄 때마다 "예수님은 저의 힘
이 되십니다!", "주의 보혈에 능력이 있습니다!"와 같은 간단한
말들을 반복했습니다. 그것은 늘 도움이 되었습니다. 그 때마다
새로운 힘, 주님의 능력을 공급 받았습니다.

극심한 피로에 지치거나 체력이 약해 괴로워하는 사람들에
게 주 예수 그리스도께서 자신의 능력을 선물로 주기 원하신
다는 것은 정말로 큰 위로가 됩니다. 이 능력은 우리에게 족하
며 우리 자신의 힘이 강한 것보다도 훨씬 더 효과가 큽니다. 그
러니 스스로 약하다고 생각하는 사람은 이렇게 고백해 봅시다.
"예수님, 저는 주님께서 이 일을 행하시기를 기대하며 신뢰합
니다!" 우리가 믿음으로 "예수님이 나의 힘이다!"라고 선포하
면, 부활하신 주님으로부터 흘러나오는 생명으로 충만해질 것
입니다. 여기에는 장차 우리에게 다가올 미래에 대한 약속이

담겨 있습니다. 앞으로 고통의 시기가 다가올 때, 육체적인 연약함에 시달릴 때, 하나님이 주시는 능력을 기대하며 견딜 수 있습니다.

이 연약함과 고통의 결과로 얼마나 놀라운 경험을 얻게 되는지요. 주님의 능력이 우리 안에서 아주 놀랍게 증명될 수 있다면, 어느 누가 피로나 육체적인 연약함을 받아들이지 않겠습니까? "내 능력이 온전해진다"란 구절 속의 능력은 주님 안에 있는 사랑과 기쁨, 기도와 권위의 능력입니다. 마음속에 예수님의 거처가 있는 사람들은 기쁨과 행복 속에 거합니다. 그런 사람들은 무기력함이라는 고통 속에도 '풍성한 내면의 기쁨'이라는 큰 축복이 들어 있다는 사실을 알고 있습니다.

인간은 나이가 들수록 연약해집니다. 그것은 자연의 법칙과도 같습니다. 그러나 노년기의 시련을 받아들이고 전적으로 자기의 의지를 주 예수님께 내려놓는 사람들은 고린도후서 12장 9절의 위대한 약속을 실제로 경험하게 될 것입니다. 그러할 때, 육신이 연약해지는 노년기에 젊을 때 경험하지 못했던 진정한 기쁨을 누릴 수 있습니다. 나이가 들어가는 연약함의 고통을 저항하지 않고 받아들이면서 그토록 사랑하는 주님이 계신 집으로 돌아간다는 기쁨 안에 잠길 수 있게 되는 것입니다.

지금 연약함으로 인해 고통스러워하십니까? 주님이 말씀하고 계십니다. "애야, 너무 힘들어 하지 말거라. 내 은혜가 네게 족하단다. 이거면 되지 않니?"

## 기도

하나님, 육신의 연약함으로 인해 삶을 포기하려 하는 사람들이 이 땅에 얼마나 많은지요. 그들에게 위대한 약속의 말씀을 주시니 감사합니다. 그렇습니다. 하나님의 은혜가 제게 족합니다. 그러므로 다른 어떤 곳에서도 만족을 찾을 필요가 없습니다. 제 연약함의 고통을 이길 힘이 주님 안에 있습니다. 이제 약함을 자랑하렵니다. 하나님의 능력이 약한 데서 온전해진다는데 어찌 낙담해 있을 수 있겠습니까? 주님 감사합니다. 약할 때 강함 되시는 당신을 찬양합니다. 아멘

---

## 노트

**존 맥스웰** ㅣ 더 나은 차원의 삶으로 향하는 길은 언제나 오르막길입니다.

바 실 레 아
슐링크 처럼

D A Y

# 14

# 그리스도의 남은
# 고난을 감당하라

"나는 이제 너희를 위하여 받는 괴로움을 기뻐하고
그리스도의 남은 고난을 그의 몸된 교회를 위하여
내 육체에 채우노라"

**골로새서 1:24**

사도 바울은 골로새 교인들을 위해 받는 괴로움을 기뻐한다고 증거합니다. 그는 그리스도의 몸인 교회를 완전케 하기 위하여 자기 고난으로 '그리스도의 남은 고난을 채울 수 있음'을 알았습니다. 스스로 고난 받음으로 교회에 유익을 줄 수 있다는 확신은 바울에게 큰 기쁨이 되었습니다. 바울은 자기 고난을 통해 하나님의 구원 계획을 함께 수행했습니다. 그는 주 예수 그리스도의 교회를 위한 하나님의 큰 계획에 동참할 수 있는 자로 뽑혔습니다. 이 얼마나 엄청난 말입니까? 죄 있는 인생에게는 상상할 수조차 없는 막대한 사명을 받은 것입니다. 예수님의 이름을 위한 우리 고난을 통해 그렇게 큰일이 수행된다는 것은 너무나 벅찬 일입니다. 박해의 시간이 닥칠 때, 이것을 생각하면 큰 도움이 될 것입니다.

우린 지금 외부에서 가해지는 단순한 고난을 받는 것이 아닙니다. 그런 고난은 "예, 아버지" 하면서 받고 참아내면 됩니다. 우리는 '그리스도와 그분의 교회를 위하여' 고난 받는 것입니다. 우리는 그런 고난을 통해 교회와 모든 피조물, 모든 민족을 향한 하나님의 구원 계획이 완성되도록 조력해야 합니다. 주님

**어린양의 혼인 잔치는 벌써 준비되어 있습니다.**
**오직 신부만을 기다리고 있습니다.**

---

은 이 하나님의 구원 계획이 이뤄지도록 자신을 하나님의 어린 양으로, 희생 제물로 드리셨습니다. 우리 역시 어린양의 신부인 교회를 위해 그리스도의 남은 고난을 우리의 고난으로 채울 수 있습니다. 주님의 다시 오심을 기대하십니까? 그리스도의 남은 고난을 나의 고난으로 채우면 예수님이 임하실 것입니다.

우린 지금 마지막 때를 살고 있습니다. 주 예수 그리스도가 도래하실 큰 날은 시시각각 가까워 오고 있습니다. 그 큰 날이 이르러서야 비로소 어린양의 신부인 교회를 향한 하나님의 구원 계획은 목적을 달성하게 될 것입니다.

마지막 때에 있을 기독교에 대한 박해를 두려워해선 안 됩니다. 그 고난은 아주 의미 있습니다. 주님의 다시 오심을 위해선 마지막 남은 고난이 채워져야 하기 때문입니다. 그래야만 어린양의 신부가 그 수와 본질에 있어서 완전케 될 것입니다. 이기게 될 사람들은 이 완성의 시기와 우리의 고난을 초조하게 기다릴 것입니다. 어린양의 혼인 잔치는 벌써 준비되어 있습니다. 오직 신부만을 기다리고 있습니다.

그러므로 우린 이 장엄한 사건이 발생하도록, 전 구속사의 목표점이 말할 수 없는 영광과 기쁨으로 도래되도록, 고난 받는 일에 몸을 사리지 말아야 합니다. 그 장엄한 사건은 금세기의 순교자들이 받은 고난을 보상해 주고도 남으며 그들에게 끝까지 견뎌 낼 수 있는 힘을 줍니다. 어린양의 혼인 예식이 시작되면 결국 이 세상 모든 나라들은 주님에게 귀속될 것이기 때문입니다.

우리 주 예수 그리스도와 함께 고난 받기에 합당하게 여김을 받는 것이 얼마나 큰 명예이며 소명입니까? 다른 분이 아니라 우리 예수님과 함께 말입니다. 온전한 희생을 드려서 전 세계를 구원하신 예수님은 온유한 심정으로 당신의 백성이 자신과 함께, 자신을 위해 고난 받기를 기다리십니다. 우린 전 인류와 세계 전체를 향한 그분의 구원 계획이 이뤄지도록 고난을 감당해야 합니다.

예수님은 냉수 한 잔을 대접하는 일을 칭찬하셨습니다. 그렇다면 그분이 자기를 위해 고통을 참아낸 백성들에 대해선 얼마나 넘치게 감사하시며 칭찬하시겠습니까? 그래서 가장 혹독한 고난을 감수해 낸 사도들은 고난에 대해 이렇게 말할 수 있었습니다. "오히려 너희가 그리스도의 고난에 참여하는 것으로 즐거워하라 이는 그의 영광을 나타내실 때에 너희로 즐거워하고 기뻐하게 하려 함이라"(벧전 4:13)

귀중한 오늘은 그리스도의 남은 고난을 감당해야 할 날입니다. 그 고난 중에 성령 안에서 기뻐하십시오.

## 기도

주 하나님, 제가 너무나 사소한 저의 일로만 인해 고민했음을 회개합니다. 주님과 이 땅의 모든 교회를 위해 감당해야 할 고난을 모른 체하며 지냈음을 용서해주십시오. 주님, 당신의 남은 고난을 만분의 일이라도 감당하게 해 주십시오. 이 마지막 때에 주님의 다시 오심을 기대하며 살게 해 주십시오. 어린양의 혼인 잔치에 참여할 거룩한 신부가 되게 해 주소서. 정결한 마음 주시옵소서. 오 주님, 당신을 사랑합니다. 오늘이 당신의 남은 고난을 채우는 삶을 사는 첫날 되게 해 주십시오. 아멘.

---

## 노트

**미즈노 겐조** ㅣ 그리스도를 사모하는 자여, 걸어 나가라 걸어 나가라. 그리스도가 십자가를 지고 가셨던 이 길을. 그리스도를 사모하는 자여, 나아가라 나아가라. 그리스도가 땀과 피를 흘리셨던 이 길을. 그리스도를 사모하는 자여, 밟아가라 밟아가라. 그리스도가 쓰러지면서 가셨던 이 길을. 그리스도를 사모하는 자여, 더듬어 가라 더듬어 가라. 그리스도가 수치를 당하셨던 이 길을.

# 하나님만이
# 참 신이심을 믿어라

"나 외에 다른 신들을 네게 두지 말라"

**출애굽기 20:3**

　이 말씀을 접할 때마다 귓가에 사탄의 속삭임이 들리는 듯합니다. "생각 좀 해봐라. 과연 사랑의 하나님이 실제로 이 계명을 당신의 피조물들에게 주셨겠는가?" 사탄은 말합니다. "사랑이신 하나님이 이런 배타적인 명령을 하셨을 리 없다. 기독교인들이 다른 종교에 있는 좋은 점을 인정해 주고 그들로부터 배운다면 그것이 바로 편견에서 벗어나 서로 섬기는 표시가 될 것이 아니겠는가?"

　이것은 매우 그럴듯한 유혹입니다. 유혹은 명백하게 이성에 반하여 오는 것이 아닙니다. 오히려 가장 이성에 근접되게 다가옵니다. 마지막 시대에 사탄은 초월적 명상을 통해서, 종교간 통합이란 명분을 통해서, 인간의 보편적 선함을 통해서 크리스천들을 유혹합니다. 사탄의 유혹은 평화와 통일, 관용과 사랑이라는 명분으로 다가옵니다. '우주의 조화와 행복을 약속하는 가르침'은 우리 생활 도처에 만연되어 있습니다. 그러나 우린 직시해야 합니다. 이런 종교간 통합이나 보편적 사랑, 초월적 명상을 통한 평화와 사랑을 주창하는 배후에는 유혹자인 적그리스도가 있다는 사실 말입니다.

**범사에 하나님을 인정하는 것이 우리의 출발점입니다.**

우리의 판단 기준이 될 진리는 오직 살아있는 말씀뿐입니다. 하나님은 계명을 통해 "나 외에 다른 신을 섬기지 말라"고 말씀하십니다. 성경은 분명히 다른 이로서는 구원을 얻을 수 없다고 단언합니다. "다른 이로서는 구원을 얻을 수 없나니 천하 인간에 구원을 얻을 만한 다른 이름을 우리에게 주신 일이 없음이니라"(행 4:12)

그렇습니다. 땅과 하늘에서 능력과 권세를 받으신 하나님의 아들로서 그분 혼자만이 세상을 새롭게 하실 것입니다. 우리가 이것을 믿음으로 여기서부터 모든 것이 시작됩니다. 범사에 하나님을 인정하는 것이 우리의 출발점이 되어야 합니다. 사랑과 통일, 선함과 행복도 여기서부터 시작되어야 합니다. 믿음이 흔들릴 때, 무언가 혼란스러운 것이 있을 때에 우린 언제나 출발점에 다시 서야 합니다.

하나님을 인정하고 사랑하는 것이 그 외의 다른 것들을 배척하는 것은 결코 아닙니다. 하늘과 땅의 창조주를 모든 것보다 사랑하라는 첫째 계명이 이웃을 사랑하라고 가르치신 계명과 결코 분리될 수 없습니다. 진실로 하나님을 최우선에 두며 그분을 온 맘 다해 사랑하는 사람은 다른 종교와 싸우지 않습니다. 그들을 협박하거나 박해하지 않습니다. 다른 종교를 믿는 사람들을 행복하게 해 주기 위해 사랑합니다. 행복이란 우리에게 불행을 가져다주는 죄의 압박에서 벗어나는 것을 말합니다. 죄와 모든 악으로부터의 해방은 오직 하나님의 아들이시며 십자가에 달리셨다가 승리하시기 위해 부활하신, 영원한 사랑이신 구속자 주 예수 그리스도만이 하실 수 있습니다. 그래서 우린 다른 사람들을 진심으로 사랑하기에 필사적으로 주 예수 그리스도를 전하는 것입니다.

주님을 믿을 때 우리에겐 참 자유가 있습니다. "그러므로 아들이 너희를 자유케 하면 너희가 참으로 자유하리라"(요 8:36) 이 땅의 모든 종교나 주의(主義·ideology)들은 인간의 뇌에서 산출된 윤리적 원리들로 그 안에는 진정한 자유가 없습니다. 그 배후엔 초자연적인 힘, 사탄이 숨어 있습니다. 사탄은 보편적 사랑과 평화, 통합이란 이름으로 그럴듯하게 다가오지만 결국은 인간을 종으로 만들고 불행으로 인도하려는 검은 의도를 갖고 있습니다.

오직 주 예수 그리스도 한 분만이 모든 세계의 구세주이시며 구원자이십니다. 땅과 하늘에서 능력과 권세를 받으신 하나님의 아들로서 주님 혼자만이 세상을 새롭게 하실 것입니다. 성경의 말씀은 진실이며 반드시 성취됩니다. "여호와께서 천하의 왕이 되시리니 그 날에는 여호와께서 홀로 한 분이실 것이요 그 이름이 홀로 하나이실 것이며"(슥 14:9)

지금 점검해 봅시다. 나를 조종하고 있는 '다른 신'이 없는지를. 그동안 내가 허용해 왔던 '다른 신'을 믿음으로 불태웁시다. 오직 하나님만이 우리가 섬길 믿음의 대상입니다.

## 기도

하나님 아버지, 당신을 믿노라 하면서 수많은 '다른 신'들을 함께 섬겨왔던 저의 불신앙을 용서해 주십시오. 이 시간, 당신만이 저의 유일한 구세주임을 고백하고 선포합니다. 사탄의 그럴듯한 유혹을 배격하게 해 주시고 세상 풍조에 휩쓸리지 않게 도와주시옵소서. 범사에 아버지 하나님을 인정하게 하시고, 그것이 저의 출발점 되게 해 주십시오. 굳건한 믿음을 품고 이 땅에 나아가 수많은 사람들에게 하나님만이 우리의 유일한 신임을 증거 할 수 있도록 힘 주시옵소서. 아멘.

## 노트

**유진 피터슨** | 우리는 좀더 유능하고, 좀더 많은 지식을 갖고, 좀 더 덕을 행하며, 또는 좀더 활기찬 사람이 됨으로써 신앙생활에서 진보를 이루는 것이 아닙니다. 매일 매 순간, 우리는 출발점으로 돌아가야 합니다. 하나님께서 말씀하시는 곳으로 나아가야 하는 것입니다. 우리는 '출발선으로 놀아가 언제나 새롭게 시작해야 하는' 존재들입니다. 우리는 언제나 초심자들입니다.

바 실 레 아
슐링크 처럼

DAY

# 16

# 어떤 대가를 치르더라도
# 하나님을 갈망하라

> "내 영혼이 하나님 곧 살아 계시는 하나님을 갈망하나니
> 내가 어느 때에 나아가서 하나님의 얼굴을 뵈올까"
>
> 시편 42:2

난 어린 시절부터 변치 않은 갈망을 지니고 있었습니다. 하나님께로 가까이 나아가려는 갈망. 그 갈망은 본원적인 것으로 내 어린 시절의 숨은 고통들로부터 탄생했습니다. 이 갈망은 나만 지닌 것이 아닐 것입니다. 우리 모두에겐 본원적인 갈망이 있습니다. 하나님 아버지와 함께 지냈던 영화로운 순간들로 돌아가고픈 갈망 말입니다.

갈망이 있었기에 난 세상 속에서 살면서도 세상에 만족할 수 없었습니다. 하나님의 임재를 간절히 추구했습니다. 그러나 위대한 하나님의 사람들이 어떻게 하나님의 임재를 절절히 경험하며 그분의 음성을 들을 수 있었는지에 대해 도무지 이해할 수 없어 답답했던 시절들이 있었습니다. 넘을 수 없는 현실과 갈망 사이의 괴리감으로 인해 내적 갈등은 커져갔습니다. 하나님 추구와 세상 추구의 그 충돌 가운데 모든 것이 불확실해 보였습니다. 가만히 살펴보니 신자들은 물론, 무신론자들도 확신을 갖고 행동하고 있었습니다. 하지만 난 그렇지 못했고 이것은 나를 최악의 상태로 몰고 갔습니다. 난 외치지 않을 수 없었습니다. "오, 나에게 어떤 계시나 확신을 줄 수 있는 그 누군가가 있다

**주님을 갈망하십시오.
그 갈망을 부르짖음으로 전환시키십시오.**

면!" 그때 어렴풋하게 느꼈던 것이 있습니다. '이 불확실함은 그 무엇으로도 해결될 수 없다. 오직 더 높은 권세만이 시간을 통해 해결해 줄 수 있을 뿐이다.'

"나로 말미암지 않고는 아버지께로 올 자가 없느니라"고 하신 그리스도의 말씀을 나는 믿을 수 없었지만 그분을 진실로 믿고, 만나고 싶다는 갈망은 지속됐습니다. 도무지 변화가 없는 것처럼 보였던 순간에 극적인 전환이 이뤄졌습니다. "이제는 굳건한 기초를 발견했다"고 고백하는 놀라운 순간이 찾아온 것입니다. 마침내 예수 그리스도를 나의 구세주로 고백할 수 있게 된 것입니다. 많은 사건들을 거쳐 드디어 그 순간에 이르게 됐습니다.

그 방법이 무엇이었을까요? 끊임없는 갈망과 그 갈망의 실현을 위해 진심으로 간구한 것입니다. 난 매 순간마다 "어떤 대가를 치르더라도 당신을 만나기 원합니다"라고 간구했습니다. 돌이켜보면 '어떤 대가를 치르더라도'는 참으로 무서운 말입니다. 정말 '어떤 대가'를 치를 수 있으니까요. 그만큼 절박했습니다. 그 '어떤 대가'를 치르는 것보다도 주 예수 그리스도를 만나는 것이 더 중요했습니다. 어쩐지 그렇게 생각됐습니다. 그것이 인

생에서 가장 중요한 일이라는 것은 어린 시절부터 직감적으로
알게 됐습니다. 모든 것이 은혜입니다.

"만일 예수님이 정말 하나님의 아들이고, 이 세상의 구세주이
시며, 우리를 위해 십자가에 달려 돌아가심으로써 하나님 아버
지께 이르는 길이 되셨다면 어떻게 해서든지 나에게도 그것을
보여주십시오"라고 간구하기 시작했습니다. 하나님이 이에 응
답하셨습니다. 병이 나서 한동안 누워 지내게 된 어느 날 밤, 십
자가에 달리신 예수님을 내적인 눈으로 보게 되었습니다. 깨어
나면서 찬양했습니다. 바로 그 순간에 믿어졌습니다. 살아 계시
고 십자가에 달리신 주 예수님이 하나님 아버지께로 가는 길이
며, 그분은 나를 구속하셨고 나는 그분을 따를 수 있다는 사실
을 알게 되었습니다. 그것이 내겐 너무나 큰 비밀이고 기쁨이었
습니다!

나의 구세주를 발견한 순간, 그분이 내 안에 사시고 계신다는
사실을 알게 되었습니다. 내 안에 사시는 그분의 사랑이 점점
더 자라난다는 사실을 깨닫자 말로 형언할 수 없는 기쁨이 찾아
왔습니다. 그 기쁨은 평생 지속됐습니다. 그렇습니다. '어떤 대
가를 치르더라도' 나는 그분 만나길 갈망했습니다. 결국 그 갈
망이 내 인생 가운데 이뤄졌습니다. 그 순간, 나는 세상에서 가
장 행복한 사람이 되었습니다. 하나님을 추구하는 갈망이 우리
모두를 채울 수 있기를….

# 기도

하나님, 어떤 대가를 치르더라도 살아계신 하나님을 만나기를 소원합니다. 해답이 없어 보이고 불확실한 이 땅의 삶에서 생명의 길을 발견하기 원하는 제 마음속 깊은 갈망을 외면하지 마시고 만나주십시오. 주님을 만나는 것이 제 인생 최대의 목표가 되게 해 주세요. 당신 안에서 삶의 굳건한 기초를 발견하기를 원합니다. 주님만이 제 소망 되게 해주시고, 주님만이 제 삶의 목표 되게 해주십시오. 당신을 갈망합니다. 아멘.

---

# 노트

**존 블룸 |** 죄는 자기 부인으로 이길 수 있는 것이 아닌 다른 것, 즉 하나님을 향한 더 큰 갈망의 힘으로 이길 수 있다

# 하나님의 침묵을
# 믿음으로 견디라

"내가 만일 그렇게 하면 이런 일이 있으리라
한 성경이 어떻게 이루어지겠느냐 하시더라"

**마태복음 26:54**

우린 끊임없이 묻습니다. "주여, 왜?"라고요. "죄와 부정, 폭력
과 살인, 파괴와 전쟁은 날로 더 만연되어가며 세상을 지배하며
공포로 몰아가고 있는데 당신은 왜 침묵하십니까?" "어둠의 세
력은 마치 세상의 주권자처럼 행세하고 있는데 당신은 왜 개입
하지 않으십니까?" "예수 그리스도가 우리를 모든 사악함에서
구하시려고 이 땅에 오셨건만 어떻게 악이 이토록 기승을 부릴
수 있단 말입니까?" "어떻게 죄와 무법이 우리 가정에까지 침투
해 와 이렇게 우리를 고통 속에 빠지게 할 수 있습니까? 당신이
살아계시는데요?"

과연 살아계시며 모든 권능을 지닌 하나님께서 오늘날 왜 개
입하시지 않는가를 어떻게 이해해야 합니까? 사악함이 그렇게
무섭게 날뛰고 있어도 하나님이 그 악을 제지하시거나 심판하
시지 않는다면 과연 그 하나님은 살아계신다 말할 수 있습니까?
이런 모든 일들이 일어날 때에 하나님은 사랑이시며, 또한 이
모든 것을 허락하신다는 사실을 도대체 어떻게 이해할 수 있습
니까?

우린 매 순간마다 "도대체 이런 일이 있을 수 있단 말입니까?"

**하나님 아버지, 나는 당신을 이해할 수 없어도
당신의 사랑을 신뢰합니다.**

---

라고 외칩니다. 그런데 성경은 자주 "이런 일이 있어야 하리라"라고 말해 줍니다. "그리스도가 이런 고난을 받고 자기의 영광에 들어가야 할 것이 아니냐 하시고…"(눅 24:26) 예수님은 체포당하시며 조롱과 고통의 길, 패배자의 길을 가서야만 했습니다. 의로우신 예수님이 그의 사랑과 선행의 길에 반하는 죄와 불의, 곧 사탄이 이기는 것을 경험하셔야만 했습니다. 그분은 패배자의 상징인 십자가에 달리셨습니다. 대적이 승리를 거두고 예수님의 나라가 소멸되어 버리는 것 같았습니다. 그분과 가장 가까웠던 제자들조차도 충성스럽게 남아 있지 못했습니다. 베드로는 예수님을 체포하러 온 자들 중 한 사람의 귀를 자르기 위해 검을 들었습니다. 그때, 예수님은 "이런 일이 있어야만 하리라"고 하시며 그를 제지하셨습니다. 인간의 개입과 하나님의 침묵. 날카로운 대조 아닙니까? 예수님은 묵묵히 체포당하시며 십자가로 향하는 고난의 길을 준비하셨습니다. 성경은 도처에서 인간 의지에 반(反)하여 "그리 되어야 하리라"고 말합니다.

그러면 도대체 왜 그렇게 되어야만 하는 것입니까? 성경은 '이런 일이 있어야' 할 뿐 아니라 '왜 그런 일이 일어나야 하는지'

도 밝혀 주고 있습니다. 그 모든 것 뒤에는 깊은 의미가 있습니다. 지금 우리가 살고 있는 마지막 때를 위한 하나님의 분명하신 계획이 있습니다. 그 계획은 하나님의 사랑하는 마음에서 비롯된 것입니다.

하나님은 예수님께서 4차례에 걸쳐 부당하게 고소되었을 때, 채찍질 당하실 때, 예수님을 매단 십자가가 들려 올라갈 때에 개입하지 않으셨습니다. 그러나 그 십자가가 땅속에 박히고 사탄이 전적으로 승리한 것처럼 보였을 때, 비로소 하나님은 침묵을 깨고 개입하셨습니다. 해가 그 빛을 잃고 땅이 진동하며 바위가 터졌습니다. 그리고 곧 부활이 뒤따랐습니다.

바로 예수님의 생애에 적용되었던 것과 같은 신성한 하나님의 법칙이 이 마지막 때를 위한 그 사랑의 계획에도 적용될 것입니다. 하나님은 지금 침묵하고 계신 것처럼 보입니다. 이 침묵은 그분의 영원하신 계획과 목적의 완성을 위해, 그리고 세상을 회복시키고 완성시켜 새 하늘과 새 땅을 가져오기 위한 것입니다. 예수님의 십자가 길에서와 같이 모든 것이 절정에 이를 때, 하나님은 침묵을 깨고 자신을 드러내실 것입니다.

그렇습니다. 지금 하나님이 침묵하신다 하더라도 낙담하지 마십시오. 절정의 때, 지금껏 경험하지 못한 더욱 분명하고 강력한 그분의 음성을 듣게 될 것입니다.

하나님의 특별한 현시가 있기 전에는 항상 침묵이 전제됩니다. 이 침묵 후에 그분의 심판을 통한 전능하신 개입이 있게 되며 그 자녀들을 위한 자비와 승리가 뒤따르게 됩니다. 따라서 하나님의 침묵은 세상과 그 자녀에 대해 행하실 수 있는 가장 효과적인 방법 중 하나입니다. 그분의 침묵과 그에 따른 고난은 우리들을 그 침묵과 고난 뒤에 연이어 올 놀라운 것에 대해 예비시켜 주실 것입니다.

지금 하나님이 침묵하고 계십니까? 그래서 고통스럽습니까? 기억하십시오. 머지않아 해가 그 빛을 잃고 땅이 진동하며 바위가 터질 것입니다. 그때, 모든 것이 다시 정렬될 것입니다.

---

## 기도

주님, 우리의 삶 속에서 하나님을 이해할 수 없는 상황을 만날 때도 마음으로 하나님의 사랑을 깊이 신뢰하는 하나님의 참된 자녀가 되길 소원합니다. 하나님이 제 생애의 반석이요, 피난처 되심을 감사드립니다. 성령으로 하나님의 사랑이 얼마나 깊고 넓으며 높은가를 더욱 깨달아 알아가게 하소서. 하나님의 침묵을 믿음으로 견디며, 장차 올 놀라운 것을 소망하는 믿음을 간직하게 해 주십시오. 아멘.

---

## 노트

**마틴 루터 킹** ㅣ 믿음은 계단 전체가 눈에 들어오지 않을 때에도 첫 발을 내딛는 것이다.

# 마지막 때의 계시를 잊지 말자

> "또 내가 보니 보라 어린 양이 시온 산에 섰고 그와 함께
> 십사만 사천이 서 있는데 그들의 이마에는 어린 양의 이름과
> 그 아버지의 이름을 쓴 것이 있더라"
>
> **요한계시록 14:1**

나는 1975년 여름에 사도 요한이 "두려워하지 말라, 나는 처음이요 마지막이니"라는 예수 그리스도의 계시를 받은 밧모섬을 방문했습니다. 예수님이 친히 나타나셔서 하늘의 계시를 준 동굴에 들어서자 오래전에 일어났던 일들이 생생하게 다가오는 것 같았습니다. 몇 주 동안 그 동굴에 머물러 기도했습니다. 겸손과 경외의 마음을 지닌 사도 요한에게 은혜를 베푸신 예수님은 우리가 겸손히 낮출 때에도 동일한 은혜를 부어주실 것입니다.

주님은 밧모섬에서 요한에게 하나님의 진노와 심판뿐 아니라 영광스런 하늘 왕국 승리자들의 무리를 보여주셨습니다. 요한계시록은 다가올 엄청난 재앙과 사탄의 파괴적인 힘, 예수님의 제자들에 대한 공격만 다룬 것이 아니라 하나님의 승리와 그 형용하기 어려운 아름다움, 순례자들의 영광스런 목적지도 언급하고 있습니다. 성경에서 그 같은 말을 해주는 유일한 책입니다. 이 영광스런 환상이야말로 사도 요한이 어두운 골짜기를 극복할 수 있는 힘이 되었을 것입니다.

계시록은 '짐승'의 정체를 드러내는 한편, 하나님의 어린양이신 예수님의 아름다움을 광명한 새벽별로 묘사합니다. 계시록

**인류의 현재와 미래는 주님을 사랑하는
그리스도의 신부들에게 달려 있습니다.**

14장의 시온산 위에 선 십사만 사천 명은 신랑 되신 예수 그리스도께 헌신한 자들로 그들의 모든 본성과 존재는 '하나님의 어린양'의 특성을 지니고 있습니다. 계시록 7장에 나오는 첫 열매는 유대인들을 말하지만 그 후에 나오는 허다한 이들은 열방 중의 믿는 자들로 영적인 신부들입니다. 로마서 11장 말씀과 같이 이스라엘의 뿌리에 접붙임 받은 이방 성도들을 의미합니다. 그들이 다 함께 '어린양의 신부'가 될 것입니다. 십사만 사천 명은 하나님께 선택받은 영혼들로 그들 역시 하나님만을 선택했습니다. 그들의 마음은 신랑 되신 예수님에 대한 사랑으로 불타올랐습니다. 세속적 욕망과 명예, 인간적 사랑으로 마음과 삶이 나뉘지 않은 사람들입니다. 그들의 소망은 오직 하나, 예수님을 사랑하고 그분을 영화롭게 하는 것입니다. 그들은 주를 위해 고난 받으며 자신을 주께 드렸습니다. 결국 그들은 마지막 날에 하나님으로부터 선택받았습니다.

사도 바울은 고린도 교회에 이렇게 말합니다. "내가 하나님의 열심으로 너희를 위하여 열심을 내노니 내가 너희를 정결한 처녀로 한 남편인 그리스도께 드리려고 중매함이로다"(고후 11:2)

'예수 그리스도의 신부'의 삶은 부지불식간에 사탄의 지배 아래 사는 사람들의 삶과는 대조적입니다. 사탄의 권세 아래 살고 있는 사람들은 아무렇게나 죄악을 자행합니다. 무의미와 공허함이 그들의 특징입니다. '오늘은 쾌락이요, 내일은 죽음이며, 그다음에는 아무것도 없다'고 말합니다. 이들에게는 아무런 희망이 없습니다. 인류의 현재와 미래는 주님을 사랑하는 그리스도의 신부들에게 달려 있습니다. 죄악 가득한 세상에 엄청난 고난을 수반한 하나님의 심판이 있은 후, 살아남은 사람들 사이에는 큰 회개와 하나님을 향한 경외함이 생겨나며 주께 돌이키는 일이 있을 것입니다. 그때, 그리스도의 신부들은 '거룩한 남은 자'로서 고통받는 인간들을 하나님께로 인도하며 주님이 주시는 생명수를 사람들에게 나눠줄 것입니다.

살아계시고 처음과 마지막이 되시는 예수님은 승천하시면서 "속히 오겠다"고 약속하셨습니다. 주님은 위엄과 권세 가운데 "나는 마지막이다"라고 선언하셨습니다. 주님은 모든 것이 멸망하더라도 만유의 끝, 즉 마지막으로 남아 계시며 영원히 다스리실 것입니다. 다니엘서에는 거룩한 성도들을 위한 약속의 말씀이 있습니다. "옛적부터 항상 계신 이가 와서 지극히 높으신 이의 성도들을 위하여 원한을 풀어 주셨고 때가 이르매 성도들이 나라를 얻었더라"(단 7:22) '짐승'에 대한 말씀도 있습니다. "그러나 심판이 시작되면 그는 권세를 빼앗기고 완전히 멸망할 것이요 나라와 권세와 온 천하 나라들의 위세가 지극히 높으신 이의 거룩한 백성에게 붙인 바 되리니 그의 나라는 영원한 나라이라 모든 권세 있는 자들이 다 그를 섬기며 복종하리라"(단 7:26~27)

밧모섬으로 추방되어 모든 것이 끝난 것 같은 초라한 노인이었던 사도 요한은 부활하신 주님을 만난 후에 영광스런 혼인 잔치로 마감되는 계시록을 기록합니다. "어린 양의 혼인 잔치에 청함을 받은 자들은 복이 있도다"(계 19:9) "내가 진실로 속히 오리라 하시거늘 아멘 주 예수여 오시옵소서"(계 22:20)

오늘, 우리 모두 영광의 주님을 기다립시다. 그 주님 만나기 위해 끝까지 이기는 믿음을 간직합시다.

---

## 기도

주님, 시대가 어두워져 가고 있습니다. 어둠에 휩싸여 부정적인 절망감과 패배감에 빠지기 쉬운 우리의 연약함을 주님은 아십니다. 일상의 삶에서 하나님께로 눈을 돌리며 주님의 임재로 새 힘을 얻게 하소서. 오늘 이 시간, 시편 기자처럼 고백합니다. "내가 산을 향하여 눈을 들리라. 나의 도움이 어디서 올까? 나의 도움은 천지를 지으신 하나님에게서로다"(시 121:1~2) 천지를 지으신 하나님께서 저의 도움이 되심을 찬양합니다. 사도 요한이 밧모섬에서 보았던 마지막 때의 계시를 늘 기억하며 영광의 주님을 기다리는 이기는 믿음을 지니게 해 주십시오. 아멘.

---

## 노트

**앤드류 머레이** ㅣ 묵상이란 하나님의 말씀을 그것이 삶과 성품의 모든 곳에 영향을 미칠 때까지 마음에 붙잡고 있는 것이다

# "예, 아버지"라고
# 대답하라

"여호와의 말씀이니라 너희를 향한 나의 생각을
내가 아나니 평안이요 재앙이 아니니라
너희에게 미래와 희망을 주는 것이니라"

예레미야 29:11

1958년 말에 나는 질병으로 죽음의 문턱까지 갔습니다. 어두운 그림자가 내 몸과 마리아자매회를 덮었습니다. 내게 맡겨진 필생의 사업인 마리아자매회는 여전히 초기 단계였습니다. 나는 '약속이 성취되어 가나안이 현실로 나타나는 것을 보지 못하고 이대로 죽어야 하는가?', '모든 소망이 좌절되고 약속은 성취되지 않았고 사역은 완성되지 않았으며 하나님께서 맡긴 모든 사명이 파멸될 위기에 있는데 내가 죽어야 하는가?'라며 괴로워했습니다. 병상에 누워 있는 동안 아직 실현되지 못한 사명들에 대한 생각이 뇌리를 맴돌았습니다. 하나님이 나를 버리셨다는 생각에 영혼이 연약해지고 고문을 당하는 느낌까지 들었습니다.

그러나 내 기력이 모두 쇠하고 모든 것이 다 무너졌다고 생각되던 그 순간에 하나님은 내게 가장 고귀한 축복인 회개하는 마음을 주셨습니다. 복음이 내 병실 문을 두드렸던 것입니다. 복음을 다시 받아들이자 의심과 좌절감은 사라지고 내게 주신 사명이 폐허 속에서 다시 살아나게 될 것이라는 마음이 찾아왔습니다. 그때, 깨달았습니다. 하나님은 나를 더 신실한 믿음의 길

# 한 줄 묵상

**"네 의지를 드리는 그것이야말로
내 마음과 천국을 여는 열쇠란다."**

로 인도하기 위해 질병을 연단의 도구로 사용하신 것이라는 사실을요. 그분은 어떤 경우에도, 심지어 죽음의 문턱에서도 "예, 아버지"란 말을 무척이나 듣고 싶어 하셨습니다. 이 대답을 할 때까지 값비싼 희생을 치를 수도 있습니다. 나는 진실로 그 대답을 하기 위해 죽음에 이르는 질병으로 인생의 모든 것이 산산조각 나는 고통에 직면해야 했던 것입니다. 사실 돌이켜보면 이런 죽음에 직면한 경험은 내 의지를 반복해서 내어 드림으로 삶을 통해 하나님께 영광 돌리겠다는 내 오랜 기도에 대한 응답이었습니다. 이 과정에서 내 의지를 내어 드리는 기도가 주님의 이름을 높여 드리는 경배의 기도를 수천 번 하는 것보다 주님께 훨씬 더 가치 있다는 사실을 알게 되었습니다. 하나님께서 가장 소중히 여기시는 기도는 어두운 순간, 특히 하나님의 뜻에 따라 우리가 고난을 받으며 도저히 그분이 이해되지 않을 때, "예, 아버지"라고 드리는 기도였습니다.

하나님이 우리를 시련의 어두운 길로 이끄실 때마다, 이렇게 주의 깊게 말하신다고 상상해 보십시오. "얘야, 너는 지금도 나를 믿겠니? 내 마음이 사랑으로 가득하다는 것을 여전히 믿겠느냐? 내가 하는 일을 이해할 수 없을 때에도 내 말과 행동, 내가 주는 시련에 대해 변함없이 '예'라고 동의할 수 있니? 이 시간에도 너의 의지를 쳐 복종시킬 수 있느냐 말이다. 그렇게만 한다면 너는 나와 연합하게 될 것이다. 네 의지를 드리는 그것이야말로 내 마음과 천국을 여는 열쇠이기 때문이지."

나는 죽음에까지 이를 수 있는 질병의 고통 속에서 하늘 아버지 사랑을 다시 한번 확인할 수 있었습니다. 일기에 이렇게 기록했습니다. "예, 아버지. 당신의 뜻대로 이뤄질 것입니다. 저는 아버지의 사랑을 믿습니다. 제 자신을 고난에 맡깁니다."

어떤 경우에도 "예, 아버지"라고 응답하자 하나님은 성령님을 통해 곧 회복될 것이라는 확신을 내게 주셨습니다. 다시 회복되어 맡겨주신 사명을 완성할 것이라는 강한 마음이 들었습니다. 너무나 기뻤습니다. '아, 하나님의 약속은 결국 성취되리라!' '가나안은 다시 살아나 하나님의 영광을 빛내는 천국의 그림자가 될 것이다!' 그 기쁨은 내 자신을 완전히 하나님의 뜻과 죽음에 맡긴 뒤에 극적으로 찾아왔습니다. 그것은 정말 기적이었습니다. 그분의 사랑하심과 인자하심은 끝을 알 수 없을 정도였습니다. 내 마음은 찬양과 감사의 노래로 넘쳐흘렀습니다. 정말로 주님은 1959년 4월에 나를 회복시키셨습니다. 나는 다시 말하고 글을 쓸 수 있게 되었습니다. 그것은 마치 죽은 자 가운데서 살아난 것과 같았습니다. 다시 소생되었을 때, 나는 직감적으로 깨달았습니다. '언젠가는 가나안이 삼위일체 하나님을 증거하는 사역의 중심부가 되어야 하기에 모든 것을 내려놓고 하나님만을 바라는 죽음의 세월이 필요했던 것이구나.'

이후에도 내 인생의 고통은 그치지 않았습니다. 그러나 인생의 어두운 순간마다 하나님은 나로 하여금 당신께 복종토록 하셨습니다. 나는 하나님의 사랑을 여전히 신뢰한다는 표시로 기도하는 장소에 조약돌을 이용해 '예, 아멘'이라는 글자를 만들어 놓았습니다.

오늘도 하나님은 변함없이 우리를 지켜보시며 사랑하십니다. 그 사랑의 하나님께 조용히 고백해 보십시오. "예, 아버지 하나님. 오직 당신만을 의지하렵니다. 저를 다스려 주십시오."

---

## 기도

오늘도 제 마음을 주님께 집중합니다. 오직 주님만 바라보게 해 주십시오. 제 환경이 아무리 어렵더라도 하나님께 "예, 아버지. 당신의 뜻을 이루소서"라는 고백을 할 수 있도록 힘주십시오. 어떤 경우에도 하나님의 사랑을 변함없이 신뢰합니다. 저의 자아를 파쇄하며, 하늘 아버지의 뜻에 복종하게 해 주소서. 제 의지를 드림으로써 하나님의 마음과 천국을 여는 열쇠를 얻게 해 주십시오. 오늘도 변함없이 저를 지켜보시며 사랑해 주시니 감사합니다. 오직 그 사랑만을 생각하게 해 주십시오. 당신을 사랑합니다. 아멘.

---

## 노트

**마르틴 루터** ㅣ 기도는 하나님의 못마땅한 마음을 설득하는 것이 아닌, 주님의 기뻐하시는 마음을 붙잡는 것입니다.

# 천국을 마음에 품고 살자

"그러나 우리의 시민권은 하늘에 있는지라 거기로부터
구원하는 자 곧 주 예수 그리스도를 기다리노니"

**빌립보서 3:20**

나는 늘 천국을 묵상하고 노래했습니다. 천국을 마음에 품었고 그것이 내게 큰 힘이 됐습니다. 천국의 영광 앞에서 인간적 고통이 서서히 사라지는 것을 경험했습니다. 천국을 소망하며 이런 글도 썼습니다. "예수님이 우리에게 내려왔으니 천국은 이제 멀지 않네. 주님이 우리 위해 천국 문을 여셨네." 요한은 천국을 이렇게 묘사합니다. "또 그가 수정 같이 맑은 생명수의 강을 내게 보이니 하나님과 및 어린 양의 보좌로부터 나와서 길 가운데로 흐르더라 강 좌우에 생명나무가 있어 열두 가지 열매를 맺되 달마다 그 열매를 맺고 그 나무 잎사귀들은 만국을 치료하기 위하여 있더라 다시 저주가 없으며 하나님과 그 어린 양의 보좌가 그 가운데에 있으리니 그의 종들이 그를 섬기며 그의 얼굴을 볼 터이요 그의 이름도 그들의 이마에 있으리라"(계 22:1~4)

천국은 실재합니다! 나는 평생 '천국의 향취'를 이 땅에서 맛보길 소망했습니다. 천국을 생각하고, 느낄 때마다 우리의 삶이 결코 이 땅에서 끝나지 않는다는 사실에 소망을 갖게 됩니다. 그러나 누구나 천국을 소망하고 사는 것은 아닙니다. 과연 이

## 한 줄 묵상

**천국을 생각하고, 느낄 때마다 우리의 삶이 결코
이 땅에서 끝나지 않는다는 사실에 소망을 갖게 됩니다.**

세상에 사는 우리가 천국을 마음에 품고 산다는 것이 가능한가요? 믿는 우리에게 천국은 분명 실재하지만 소용돌이치는 삶의 한 가운데서 천국이 존재한다는 사실을 잊고 살기 쉽습니다.

천국은 우리가 가야 할 영원한 본향이지만 미래형으로만 존재하는 것이 아닙니다. 바로 지금 이 순간, 이곳에서 천국이 이뤄질 수 있습니다. 주님은 이렇게 말씀하셨습니다. "하나님의 나라는 너희 안에 있느니라"(눅 17:21) 천국이 이미 우리 안에 있다고 하십니다. 제자들에게 하신 말씀을 보십시오. "너희는 나의 모든 시험 중에 항상 나와 함께 한 자들인즉 내 아버지께서 나라를 내게 맡기신 것 같이 나도 너희에게 맡겨 너희로 내 나라에 있어 내 상에서 먹고 마시며 또는 보좌에 앉아 이스라엘 열두 지파를 다스리게 하려 하노라"(눅 22:28~30) 놀랍지 않습니까? 천국은 우리가 '가야 할' 곳이기도 하면서, 동시에 '지금 누려야 할' 곳이라고 말씀하신 것입니다.

주 예수 그리스도가 거하시는 곳이 바로 천국입니다. 주님과 함께 우리는 이 땅에서도 천국의 향취를 맛볼 수 있습니다. 우리가 그분의 말씀을 지키면, 즉 주의 뜻을 따르면 그분은 우리 안에 거하실 수 있습니다. 우리가 회개하고 통회의 심령을 갖고 의지를 그분의 의지와 결합시키면 그분이 우리 안에 거하며 그분의 내재하심은 천국의 향취와 기쁨과 축복을 허락할 것입니다.

우리가 가야 할 천국, 우리가 맛볼 천국은 경배와 찬양이 끊이지 않으며 주를 신뢰하는 자가 결코 수치를 당하지 않는 곳입니다. 그곳에서 우리는 자아를 완전히 버리고 우리의 모든 죄를 몸소 십자가에서 대속해주신 주 예수 그리스도만을 경배합니다. 거기서 우리는 주님과 함께 거합니다. 그분 앞에 머리 숙입니다. 부끄러움이 아니라 충만한 경이로움과 감사로 고개 숙입니다. 거기에는 용서받은 죄인들이 함께 하는 순전한 공동체가 있습니다. 그곳에서 주님은 우리에게 의의 겉옷을 입혀주실 것입니다. "내가 여호와로 말미암아 크게 기뻐하며 내 영혼이 나의 하나님으로 인하여 즐거워하리니 이는 그가 구원의 옷을 내게 입히시며 공의의 겉옷을 내게 더하심이 신랑이 사모를 쓰며 신부가 자기 보석으로 단장함 같게 하셨음이라"(사 61:10)

고난의 때마다 천국을 생각하십시오. 장차 나타날 영원한 천국의 영광을 소망하십시오. 그 영광의 광채로 인해 고난은 힘을 상실하게 됩니다. 천국을 생각할 때마다 지금 당하는 고통은 곧 끝나며 장래의 기쁨은 영원하다는 사실을 확인하게 됩니다. 그럼으로써 모든 문제를 정확히 직시할 수 있게 되며 사소한 일상의 것들에 헤매기보다 영원한 삶을 준비하게 됩니다.

매일 천국을 소망하며 천국 찬양을 부르십시오. 그 노래의 가사가 이 땅에서 이뤄질 수 있기를 갈망하십시오. 내 몸 안에 주님의 처소를 만드십시오. 그러면 천국이 우리 가운데 임할 것입니다. "적은 무리여 무서워 말라 너희 아버지께서 그 나라를 너희에게 주시기를 기뻐하시느니라"(눅 12:32)

# 기도

주님을 믿노라 하면서도 늘 땅의 것들에 매여 걱정과 염려 속에서 살아가는 저를 불쌍히 여겨주십시오. 세상으로 가득 찬 제 마음을 회개합니다. 이 땅의 걱정들로 인해 한 치의 변화도 가져올 수 없음을 고백합니다. 이제는 눈을 돌려 위의 것을 생각하기 원합니다. 이 땅에서 주님과 연합함으로 천국을 경험하고 어린아이처럼 주님만을 찬양하게 해 주십시오. "하나님의 나라는 너희 안에 있느니라"는 주님의 말씀대로 저의 삶의 자리에서 천국의 향취를 맛볼 수 있도록 허락해 주십시오. 천국을 향한 소망으로 오늘도 새 힘을 얻기 원합니다. 아멘.

# 노트

**빌 존슨** ㅣ 크리스천들이라면 모두가 '열린 하늘 문' 아래에서 살아야 합니다. 많은 사람들이 하늘 문은 닫혔다고 말합니다. 닫힌 하늘 문 아래에 사는 사람들은 열린 하늘 문을 경험한 사람들의 이야기를 거짓말이라고 합니다. 비실제적이라고 깎아내립니다. 그런데 그것이야말로 거짓말입니다. 닫힌 하늘 문 아래에 사는 사람들의 거짓말에 속지 말아야 합니다. 그들은 믿는 사람들의 무제한적인 능력을 애써 제한시켜버리는 사람들입니다.

# 믿음의 길을 버리지 말라

"내 은혜가 네게 족하도다 이는
내 능력이 약한 데서 온전하여짐이라"

**고린도후서 12:9**

    나는 자매회가 설립된 순간부터 평생 '믿음의 길'을 가기로 결정했습니다. 예수님의 제자로서 하나님 아버지께 의존하는 삶을 살기로 결단한 것입니다. 이는 강요된 것이 아니라 사랑의 마음으로 내 자유의지를 드려 결정한 길이었습니다. 우리는 "너희는 먼저 그의 나라와 그의 의를 구하라 그리하면 이 모든 것을 너희에게 더하시리라"는 마태복음 6장 33절의 말씀을 믿음으로 붙잡습니다. 그렇게 살고 싶은 강한 열망이 있습니다. 그럼에도 현실에서는 인간적으로 보장되고 안정된 길을 가려는 우리의 타락한 성품으로 인해 주님께 전적으로 희망을 거는 길은 쉽지 않습니다.

    우리 자매회에서 주님이 주신 메시지를 담은 첫 번째 소책자를 출판했을 때입니다. 당시 재정적으로 어려웠던 시기라 책을 내는데 드는 비용을 감당하는 것마저 믿음의 모험이었기에 비용을 지불한 것에 감사했습니다. 그런데 하루는 소책자를 전시해 놓은 작업실에 품팔이 기독서적 상인이 마을을 돌아다니다가 방문했습니다. 우리는 책이나 상품에 고정된 가격이 없었고 믿음의 길을 가기에 자원하는 만큼 기부하도록 했는데 그 상

**"내 은혜가 네게 족하도다"는
주님의 음성에 귀 기울이십시오.**

인이 가방 가득히 저희 책을 담고는 헌금 박스에 동전 한 푼 넣지 않고 떠났습니다. 처음에는 충격적이었지만, 나중에 우리 책을 가져다 판 그를 통해 우리 자매회 책이 많은 분들에게 전해졌고, 더 많은 주문이 들어오게 되었으며 친구들이 생겼습니다. 이를 통해 하나님을 의지하고 주의 도움을 잊어서는 안 된다는 것을 배웠습니다.

믿음의 길을 걸어가는 과정에서 무수한 어려움을 만나고 고통을 겪게 됩니다. 그럼에도 주님의 약속을 붙잡으며 이겨내야 합니다. 나는 더 이상 견딜 수 없다고 느낄 때마다, "예수님은 나의 힘이 되십니다!" "주의 보혈에 능력이 있습니다"라고 고백했습니다. 그 말을 신뢰했습니다. 그것이 나에게 큰 힘이 되었습니다. 이 말을 외칠 때마다 항상 주님이 주시는 새로운 힘을 얻었습니다. 그 힘을 통해 다시 일어나 믿음의 길을 걸을 수 있었습니다.

그렇습니다. 주님은 당신의 능력을 자녀 된 우리 안에서 발휘하기 원하십니다. 주님의 능력을 인정하고 받아들인다면 더 이상 나의 미약한 힘과 제한된 능력에 의존할 수 없습니다. 우리의 싸움은 결국 믿음의 싸움입니다. 믿음으로 주님의 약속을 굳게 붙잡으면 이 세상에서 승리의 삶을 살 수 있습니다. 왜냐하면 주님의 은혜가 내게 충분하기 때문입니다. 이것을 확실히 믿는다면 먼저 그의 나라와 그의 의를 구하는 삶을 살 수 있게 됩니다.

우리는 이 믿음의 길에서 하나님이 영광 받으실 무수한 보석들을 발견해 왔습니다. 집과 정원의 관리, 출판과 인쇄, 자동차와 각종 기계들을 위한 비용을 제때에 감당할 수 있었습니다. 세계 각지의 자매회 지부들도 동일한 믿음의 길을 걸었습니다. 매일 새롭게 하나님 아버지의 선하심을 경험했습니다. 어떠한 어려운 상황 속에서도 하늘에 계신 우리 아버지만을 온전히 의존하며 사는 삶이 얼마나 행복한지는 오직 경험한 사람만이 알 수 있는 비밀입니다. 이 마지막 시대를 사는 이 땅의 그리스도인들에게 필요한 것은 바로 '믿음의 길'을 걷는 것입니다.

오늘, 삶이 힘들어 고통받으십니까? '이제 모든 것이 끝났다'고 생각하며 절망감에 빠져 있습니까? 그렇다면 "내 은혜가 네게 족하도다"는 주님의 음성에 귀 기울이십시오. 그리고 믿음으로 "예수님이 나의 힘입니다"라고 선포하십시오. 그 순간, 부활하신 주님으로부터 흘러나오는 생명으로 충만하게 될 것입니다.

물론 믿음의 길을 가더라도 우리는 상실을 경험할 수 있습니다. 그러나 그 상실에도 불구하고 끝까지 믿음의 길을 걷는다면, 우리가 평생 고대해온 어떤 것을 주님께서 취하실 때는, 우리가 기뻐할 더 큰 것으로 돌려주시는 예수님의 사랑을 깨닫게 됩니다. 그러므로 이 거친 세상을 살아가면서 절대로 믿음의 길을 버리지 마십시오! 그것이 영원히 사는 길입니다.

## 기도

주님, "여호와는 나의 목자시니 내게 부족함이 없으리로다"라는 이 고백이 나의 것이 되기를 갈망합니다. 이 세상을 살아가면서 믿음의 길을 걷게 하시고 하나님의 깊은 사랑을 더욱더 알아가고 신뢰가 깊어가게 하소서. 영적 싸움을 통해 의심과 유혹을 담대히 물리치게 하시고 늘 성령님과 동행하기를 원합니다. 오 주님, 참으로 주님의 은혜가 내게 족합니다. 주님의 능력이 저의 약함 안에서 완전해진다는 비밀을 알려주시니 감사합니다. 넘어질 때마다 주님의 보혈의 힘으로 다시 일어나게 하시고 믿음 안에 깊이 뿌리 내리는 삶을 살게 하소서. 아멘.

## 노 트

**데이브 퍼맨** ㅣ 하나님은 우리의 고난을 통해 지금 당장 볼 수 있는 것보다 더 큰 주님의 뜻을 이루고 계십니다. 우리의 약점에도 불구하고가 아닌 우리의 약점을 통해서….

# 이기는 자가 되라

> "이기는 자는 이것들을 상속으로 받으리라
> 나는 그의 하나님이 되고 그는 내 아들이 되리라"
>
> **요한계시록 21:7**

예수 그리스도의 신부는 누구입니까? 주님의 말씀과 약속으로 '이기는 자'입니다. 예수님의 신부는 신랑에 대한 사랑으로 자신의 죄를 고백하고 회개의 삶을 삽니다. 많은 사람들이 예수님의 신부가 되고 싶은 동경을 지니며 그런 길에 매력을 느낍니다. 그러나 그들의 관심이 감정적인 것에 불과한지, 아니면 영적인 것인지는 그들이 '이기는 자의 길'을 택해 끝까지 견디는가에 달려있습니다.

예수님의 신부는 어떠한 어려움이 있더라도 매일의 삶에서 어린양의 길을 따르는 이기는 자가 되고자 합니다. 그것은 불의를 견디고 주를 의지해 온전히 용서하는 것을 의미합니다. 그들은 어린양의 길, 예수님의 길을 따를 때에만 주의 도우심을 경험할 수 있다는 사실을 잘 알고 있습니다.

이기는 자들은 하나님의 권능의 손 아래 맡기며 자기의 권리를 온전히 주님께 양도한 자들입니다. 그들에게는 예수님만을 따르겠다는 나뉘지 않은 마음이 있습니다. 하나님의 아들이었음에도 불구하고 예수님께서는 어린양과 같이 부당한 대우를 견디셨습니다. 공의로 심판하시고 그분의 때에 아들의 무죄

## 한 줄 묵상

**이기는 자들은 하나님의 권능의 손아래 맡기며
자기의 권리를 온전히 주님께 양도한 자들입니다.**

를 입증하실 하나님 아버지께 자신의 모든 권한을 양도하셨습니다. 예수님을 따르기에 그들은 어떤 경우든 자신들을 부당하게 이용한 사람을 사랑하고 축복하며, 그들에게 선을 베풉니다. 세상은 이들을 도저히 이해하지 못합니다. 그러나 심판의 날이 되어 모두가 판결의 골짜기에 이르렀을 때, 누가 천국의 영광을 얻을 수 있습니까? 오직 고난을 극복한 자, 어린양의 길을 따름으로 이기게 된 자들이 천국의 영광을 얻게 됩니다.

이기는 자들은 겸손하고 통회하는 마음으로 자신의 성소에서 하나님 나라를 드러내는 삶을 삽니다. 그들의 성소는 작은 섬들과 같습니다. 세상이 성난 바다와 같이 점점 더 소란해지고, 파도가 거칠어지며, 허물과 죄들이 올라올수록 하나님은 당신의 거룩한 임재를 보이실 작은 섬들 같은 성소를 필요로 합니다. 이기는 자들은 바로 그 성소를 책임진 사람들입니다. 성소에서 그들은 빛과 사랑을 방출합니다. 그곳에서 생명줄을 던져 이 땅의 영혼들로 하여금 주 예수님께 나와 하나님의 사랑을 발견하도록 합니다. 물에 빠진 많은 사람들은 이기는 자들이 던져주는 사랑의 생명줄을 붙잡고 영원한 집으로 돌아오게 됩니다. 이기는 자들은 어둠의 세력들의 공격을 능히 막아냅니다. 예수님이 교회에 대해 "음부의 권세가 이기지 못하리라"(마 16:18)고 말씀하신 대로 그 어둠의 세력들이 그들을 이기지 못합니다. 마지막 때에 성난 파도처럼 넘치는 가증한 죄들에 대해 그들은 성령으로 애통하며 탄식합니다.

"여호와께서 이르시되 너는 예루살렘 성읍 중에 순행하여 그 가운데에서 행하는 모든 가증한 일로 말미암아 탄식하며 우는 자의 이마에 표를 그리라 하시고 그들에 대하여 내 귀에 이르시되 너희는 그를 따라 성읍 중에 다니며 불쌍히 여기지 말며 긍휼을 베풀지 말고 쳐서 늙은 자와 젊은 자와 처녀와 어린이와 여자를 다 죽이되 이마에 표 있는 자에게는 가까이 하지 말라 내 성소에서 시작할지니라"(겔 9:4~6) "그들에게 이르시되 땅의 풀이나 푸른 것이나 각종 수목은 해하지 말고 오직 이마에 하나님의 인침을 받지 아니한 사람들만 해하라"(계 9:4)

이기는 자들의 마음은 하나님께로 향한 열정으로 불타오릅니다. 그들의 마음은 세상의 파멸과 예수님의 재림에 앞서 그 길을 예비하려는 '마지막 때의 부르심'에 마음이 민첩한 자들입니다. 하나님께서 어디로 보내시든지 그들은 순종합니다.

그들은 자신들의 권리를 주장하지 않고 어린양 예수님을 따르기에 분열이 보편화된 세상에서 과감한 연합을 이뤄내며 사탄의 왕국에 치명타를 가합니다.

이기는 자가 되는 길은 오직 한 가지, 어린양 예수 그리스도의 길을 따르는 것입니다. 그 길은 겸손과 통회의 길이며 하나님의 뜻에 자기 의지를 드리는 십자가의 길입니다. 이기는 자가 되십시오. 하나님의 아들이 되어 유업을 얻으십시오.

## 기도

하나님, 오늘 어린양의 길을 따름으로 이기는 자가 되기를 원합니다. 겸손하고 통회하는 심령으로 저의 성소에서 당신의 나라를 드러내는 삶을 살게 하소서. 혼탁하고 가치가 상실된 세상에서 주님의 생명의 빛을 발해 많은 사람들을 옳은 데로 인도하는 별과 같은 사람이 되게 해 주십시오. 저의 마음이 주님 사랑으로 불타오르는 이기는 자의 마음이 되게 하시고 매일의 삶에서 권리를 포기하며 주님의 대의를 찾게 해 주시기 바랍니다. 오늘도 하나님을 의지하며 주님의 도움을 구합니다. 저의 도움은 오직 천지를 지으신 여호와에게서 옵니다. 아멘.

## 노트

**존 파이퍼** ㅣ 그리스도와 함께 십자가에 못 박혔다는 것은 우리가 더 이상 세상의 종이 아니라는 뜻이다. 우리는 자유함을 얻었다.

# 무슨 일이든지
# '주를 위해' 하라

"무슨 일을 하든지 마음을 다하여
주께 하듯 하고 사람에게 하듯 하지 말라"

**골로새서 3:23**

무슨 일을 하든지 예수님을 사랑하는 마음으로 하면 어렵고 힘겨운 일이 가벼워집니다. 어떤 일을 하는 동기가 예수님을 사랑하는 마음에서 비롯된 것이라면 더 이상 본능적으로 자기 마음에 드는 일만 하지 않고 예전에는 결코 하고 싶지 않던 일도 기꺼이 하게 됩니다. 예수님과 함께라면 쓴 것도 달게 변합니다.

내가 경험한 그리스도 안에서의 비밀 하나를 소개합니다. 나는 젊어서 류머티즘으로 고통을 받았지만 기독 운동을 하는 여대생들을 위한 강사로 자주 여행을 가야 했습니다. 여행을 하다 보면 간이 침상에서 잠을 자는 경우가 많았는데 류머티즘이 있는 나에게는 그것이 너무나 고통스러웠습니다. 그래서 강연 요청에 대해 기꺼이 "예"라고 답하지 못했습니다. 내 본능이 움직이는 대로 일하려다 보니 자연스레 예수님과의 사랑의 강도도 약해져 갔습니다. 그러면서 주님에 대한 사랑과 신뢰가 그토록 작았던 내 모습을 보게 되었습니다. 약간의 불편과 고통도 주와 함께 지지 못한 것을 통회하며 사랑과 신뢰가 자라길 기도했습니다.

주님은 다시 1939~1945년 전쟁의 시기에 선교회 강사로 독일

# 한 줄 묵상

**"주를 위해"란 두 단어가 내게 날개를 달아줘
역경을 뛰어넘고 두려움을 이기게 해줬습니다.**

---

전역을 여행할 기회를 허락하셨습니다. 승객으로 발 디딜 틈 없
는 만원 기차를 타고 폭격이 잦은 위험한 도시들을 다니며 난방
이 안 되는 곳에서 지내야 했습니다. 그때 주님은 내게 골로새
서 3장 23절의 말씀을 주셨습니다. 그 구절이 나의 모든 것을 바
꿔놓았습니다. "주를 위해"란 말이 내게 날개를 달아줬습니다.
그 작은 구절이 나로 하여금 역경을 뛰어넘고 두려움을 이기게
해줬습니다.

"주를 위해"라는 그 간단한 말을 붙잡게 되자 매일의 일들을
처리하면서도 예수님의 임재 가운데 머물며 그분과 연합할 수
있게 되었습니다. 무엇보다 일이 우선이 되려 할 때, 하나님 나
라를 위해 일한다 하면서도 주님 없이 하려 할 때, 이 "주를 위
해"라는 말이 날개가 되어 나로 하여금 다시금 사랑하는 분께
날아가도록 도와줬습니다.

온종일 감자를 깎고 설거지를 하며 기계 앞에서 반복적으로
일할지라도 주님께 하듯 한다면 그 일은 영원까지 미치는 성스
러운 작업이 됩니다. 예수님과 사랑의 교제 안에서 행한 일은
영원한 가치를 지니기 때문입니다. 주님과 함께라면 내가 선 곳

이 거룩한 곳, 성소가 됩니다. 그곳에서 전능하신 우주의 창조주와 연합하며 일하는 것입니다.

주님과 연합함으로 이뤄지는 사랑에는 강한 능력과 영적 원동력이 있습니다. 그래서 그 사랑은 필연적으로 주변에 영향을 미칩니다. 그것은 세상적인 거창한 일과는 상관이 없습니다. 아파서 아무 일도 못하고 누워있는 사람일지라도 예수님과 온전히 연합해 고통을 이겨나간다면 그 자체가 아주 멀리까지 영적 영향을 미치게 됩니다. 아픈 그 사람을 통해서 주님의 능력이 나타납니다. 주님과 함께 하면 성령의 힘이 육체의 피로와 병을 이긴다는 것을 알게 됩니다. 하나님의 놀라운 능력이 약한 데서 온전해지기 때문입니다.

많은 사람들이 주를 위해 수고하고 희생한다지만 정작 주님과 동행하는 이들은 그리 많지 않습니다. 일 보다 더 중요한 것은 주님과 함께 걷는 것입니다. 그것이 가장 중요합니다. 주님과 동행하는 삶을 위해 매일 하루를 시작하기 전에 기도합시다. "오늘 저의 모든 생각과 말과 행위가 주님과 연합될 수 있도록 도와주십시오. 성령님, 주님과 멀어지지 않게 하시고 오직 예수님 안에만 머물게 하소서." 신랑 되신 예수님은 오늘도 우리에게 말하십니다. "모든 일을 내게 행하듯 하렴. 우리는 사랑으로 연합되어 있기에 네가 내 마음에서 멀어지는 것 자체가 내게 아픔이 된다는 사실을 기억하기 바란다. 네 일이 아니라 내 눈에 초점을 맞춰다오."

오늘 어떤 일을 하십니까? 먹고 살기 위해서가 아니라 '주를 위해' 그 일을 해 보십시오. 관점을 바꾸십시오. 당신의 삶에서 기적이 일어날 것입니다.

## 기도

제가 일상의 삶 속에서 주님과 연합하며 살지 못했던 것을 회개합니다. 그저 살기 위해서 살았고, 생활을 유지하기 위해서 나의 본능에 이끌리는 대로 일했습니다. 이제는 모든 일을 '주님을 위해' 행할 수 있도록 저의 관점을 바꿔주십시오. 주님과 함께 함으로써 제가 선 곳이 거룩한 곳이, 제가 하는 일이 거룩한 일이 되게 해 주십시오. 그 일들을 통해서 사람들을 살릴 수 있게 하소서. 주님의 능력과 사랑이 제 일을 통해 나타나게 하시고 제 일터가 하나님의 임재를 느끼는 성소가 되게 도와주십시오. 주님, 십자가를 통해 우리의 막힌 담을 헐어주셔서 사랑으로 하나가 되게 해 주소서. 아멘.

## 노트

**에이미 카마이클** ┃ 사랑 없이 줄 수 있다. 하지만 주지 않고 사랑할 수는 없다.

# 하나님의 사랑으로
# 이스라엘을 사랑하자

"나의 자비는 네(이스라엘)게서 떠나지 아니하며
나의 화평의 언약은 흔들리지 아니하리라
너를 긍휼히 여기시는 여호와께서 말씀하셨느니라"

이사야 54:10

유대인들은 '세계사란 시계의 시침'이라고 할 수 있습니다. 유대인들에 대한 우리의 관계는 우리가 예수님과 맺고 있는 진정한 관계의 지표이기도 합니다. 우리가 예수님을 사랑한다면 주님이 사랑하시고 열국의 중심과 축복이 되는 유대인들을 또한 사랑할 것입니다. "너를 축복하는 자에게는 내가 복을 내리고 너를 저주하는 자에게는 내가 저주하리니 땅의 모든 족속이 너로 말미암아 복을 얻을 것이라"(창 12:3)고 하신 하나님의 말씀은 영원하며 반드시 이루어질 것입니다.

하나님은 택함 받은 이스라엘 백성에게 이렇게 말씀하셨습니다. "내가 네게 장가들어 영원히 살되 공의와 정의와 은총과 긍휼히 여김으로 네게 장가 들며 진실함으로 네게 장가 들리니 네가 여호와를 알리라"(호 2:19~20)

우리는 이 말씀 속에서 이스라엘을 향하신 하나님 사랑의 모습이 마치 신랑이 신부를 기뻐함같이 하나님이 이스라엘을 기뻐하시는(사 62:5) 모습을 보는 듯합니다. 언약 백성인 이스라엘이 연약함으로 넘어질 때에도 "하나님의 은사와 부르심에는 후회하심이 없느니라"(롬 11:29)는 말씀대로 주님은 그들에게

**우리가 예수님을 사랑한다면 주님이 사랑하시고**
**열국의 중심과 축복이 되는 유대인들을 또한 사랑할 것입니다.**

신실하심을 보이셨습니다. 그들은 '하나님의 눈동자'와 같이 소중한 주의 백성입니다. 이 주의 백성을 통해 "구원이 유대인에게서 남이라"(요 4:22)는 말씀이 성취됩니다. 그들은 신랑되시는 주 하나님을 신뢰하며 그분을 첫째 자리에 두도록 부름 받았습니다. 그러므로 주님의 자녀인 크리스천들은 유대인들을 사랑해야 합니다.

그럼에도 교회사를 보면 유대인을 향한 핍박은 그리스도인들에 의해 계속 자행되어 왔습니다. 역사적으로 교회는 유대인들을 비인간적으로 학대했으며 심지어 무자비하게 학살했습니다. 2천 년 전, 주의 백성이 사방으로 흩어진 이후 그 땅은 황폐한 볼모지로 남겨졌습니다.(신 4:27) 그들은 왕이나 지도자도, 제사나 에봇도 없었고(호 3:4), 열국으로부터 '저줏거리'(슥 8:13)로 여김을 받았습니다. 과거 우리는 구약을 볼 때에 하나님의 백성에게 선포된 저주와 심판이 오직 이스라엘에게만 해당되는 것으로 생각해 왔습니다. 그렇다면 마찬가지로 이스라엘에게 약속된 은혜와 축복도 그리 보아야 하지 않겠습니까? 그러나 교회는 시간이 지나면서 이 약속들을 영적으로 해석, 그리스도인들 전체를 위한 것으로 대체시켜 가르쳐 왔습니다. 하지만 하나님의 빈틈없는 개입으로 인간의 계획은 좌절되었고, 오히려 말할 수 없는 고통을 통과한 하나님의 백성들이 마침내 고향 땅으로 돌아왔습니다. 이것은 엄연한 역사적 사실입니다. 에스겔서 38장 8절에 예언된 유대인들의 가나안땅으로의 귀환은 마지막 때의 사건으로 주님을 사랑하는 사람들의 마음에 깊은 감동을 안겨줍니다.

그러나 여전히 세상은 이스라엘에 적대적입니다. 그들의 고통에도 무관심합니다. 어떻게 믿는 우리가 이스라엘과 그들의 고통에 대해 무관심할 수 있습니까? 우리가 사랑하는 예수님은 유대인이십니다. 그리고 우리는 유대인들을 통해 계명과 선지자의 말씀을 받았습니다. 그렇다면 우리는 반드시 이스라엘을 사랑하고 그들의 편에 서야 하지 않을까요? '하나님의 눈동자'인 이스라엘 민족과 함께 갈 때, 우리 역시 하나님으로부터 복을 받을 것입니다.

이제는 우리 모두 깨어날 때입니다. 마지막 때가 가깝기 때문입니다. 하나님은 주의 백성들을 땅끝에서 데려와 그들의 땅에 다시 세우는 일, 즉 마른 뼈들이 살아나는 일에만 만족하지 않으십니다. 살아계신 하나님은 깊은 회개를 통해 유대인들의 마음이 다시 하나님에 대한 사랑으로 불타오르기 원하십니다. 그들로 인해 열방에 성령의 생기가 전파되길 소망하십니다. "내가 다윗의 집과 예루살렘 주민에게 은총과 간구하는 심령을 부어 주리니 그들이 그 찌른 바 그를 바라보고 그를 위하여 애통하기를 독자를 위하여 애통하듯 하며 그를 위하여 통곡하기를 장자를 위하여 통곡하듯 하리로다"(슥 12:10)

오늘 하나님의 택한 백성들인 유대인들을 위해 기도합시다.

그들이 주님께 다시 돌아오기를, 그 땅이 평안하기를…. 진정한 샬롬이 '약속의 땅'에 가득하기를….

---

## 기도

주님, 그동안 이 땅의 교회가 택함 받은 백성인 유대인들에게 가한 상처와 아픔, 핍박을 회개합니다. 저희들이 마음 깊숙이 '하나님의 눈동자인' 이스라엘 민족을 사랑하게 해 주십시오. 성령께서 주의 백성에 대한 하나님의 사랑을 우리 마음에도 부어주시길 소망합니다. 저희들 속에 정한 마음을 창조하시고 정직한 영을 새롭게 하셔서 이 사랑이 그들에게 흘러가게 하소서. 성령님, 저희들에게 영분별의 은사를 허락하셔서 이 시대를 분별해 오직 진실만을 취하게 해 주시옵소서. 그리하여 이 마지막 때에 주의 길을 예비하는 당신의 사람들이 되게 하소서. 아멘.

---

## 노트

**루벤 도런** | 유대인들의 상처 입은 마음을 치유할 수 있는 유일한 길은 사랑이다. 그리고 이 배척의 진을 무너뜨릴 수 있는 유일한 무기는 사랑으로 그들을 받아들이는 것이다. 무조건적인 사랑과 완전한 받아들임이 필요하다. 주님 자신으로부터 이토록 큰 사랑을 받은 그리스도인으로서 우리가 이스라엘에게 손을 내미는 것을 주저할 수 있을까?

# 어린양의 길을 따르라

"모든 악독과 모든 기만과 외식과 시기와 모든 비방하는 말을
버리고 갓난 아기들 같이 순전하고 신령한 젖을 사모하라 이는
그로 말미암아 너희로 구원에 이르도록 자라게 하려 함이라"

**베드로전서 2:1~2**

서로 비방, 고소하고 마음에 쓴 뿌리를 지닌 채 용서하지 못
할 때 우리는 이미 이 땅에서 지옥을 맛보는 것입니다. 믿는 경
건한 자들 사이에서도 쓴 뿌리와 불화를 흔히 볼 수 있습니다.
누가 이런 사실을 제대로 인식하며 믿음의 선한 싸움을 싸울 수
있습니까? 오직 어린양의 길, 예수님의 길을 따를 때에만 이 믿
음의 선한 싸움을 싸울 수 있습니다.

비방과 수치, 부당한 대우를 받을 때마다 우리 마음 깊은 곳
으로부터 뭔가 올라올 것입니다. 그 순간에는 믿는 경건한 자
들조차도 분노로 마음을 태울 수 있습니다. 지금 한밤중인데도
잠 못 이루고 상처를 준 사람에 대한 쓴 뿌리로 인해 괴로워하
십니까? 이런 순간마다 우리는 이성적이고 합리적인 판단력이
라는 미명하에 자신의 정당성을 주장할 수 있습니다. 아무리 내
가 옳다 하더라도 우리 마음 안에 분노와 악함이 있을 때, '긍휼
히 여기는 하나님의 사랑'은 어디에서 발견될 수 있을까요?

부당한 대우로 인해 마음의 흐트러지고 괴로울 때에는 어린
양 예수님을 생각해 보십시오. 예수님은 하나님의 아들이었음
에도 불구하고 어린양과 같이, 공생애 기간 동안 부당한 대우를

## 한 줄 묵상

**어린양의 길을 걷는 것은 부당한 고통을 당할 때
마음속으로 판단하며 우리의 권리를 주장하는 대신,
인내하며 그 고통이 하나님께로부터 온 것임을 받아들이고
모든 상황을 하나님께 맡기는 것을 의미합니다.**

견디셨습니다. 자신의 모든 권한, 부당한 대우에 대한 심판의 권한까지 하나님 아버지께 양도하셨습니다. 어린양의 길을 걷는 것은 부당한 고통을 당할 때 마음속으로 판단하며 우리의 권리를 주장하는 대신, 인내하며 그 고통이 하나님께로부터 온 것임을 받아들이고 모든 상황을 하나님께 맡기는 것을 의미합니다. 하나님께서 우리를 돌보시고 우리를 위해 싸우실 것을 신뢰하면서 말입니다.

어린양의 길을 따르는 것은 우리가 항상 모든 것을 참아야 한다는 사실을 의미하지는 않습니다. 분명, 이웃이 어떤 잘못을 저질렀는지 알도록 도와주어야 할 때도 있습니다. 그러나 그것은 겸손과 사랑, 용서의 마음으로 행해져야만 합니다. 어떠한 경우든 어린양의 길을 걷는 것은 우리를 부당하게 이용한 사람을 사랑하고, 축복하며, 그에게 선을 베푸는 것을 의미합니다. 이것이 바로 우리가 싸워야 할 믿음의 싸움입니다. 그럴 때 하나님께서는 우리를 축복하시고 도와주실 것입니다.

우리의 머리끝부터 발끝까지 어린양의 그 보혈로 씻읍시다. 그 보혈이 우리를 새롭게 하며 믿음의 선한 싸움을 싸울 힘을

줍니다. 나는 평생 동안 날마다 어린양의 보혈을 구했습니다. 원수까지 사랑하기를 갈망하는 사람은 누구든지 예수님의 보혈을 구할 수 있습니다. 우리는 사랑하기 위해 구원받았습니다. 구원의 큰 은혜를 받았음에도 "원수를 사랑하라"는 예수님의 명령을 준행하며 살지 못했음을 겸손히 인정하고 그들이 주는 고통을 기꺼이 감내하기로 결단할 때, 예수님의 구원은 우리 삶의 전반에 효력을 발휘합니다. 나는 부당한 대우를 받을 때마다 어린양의 길을 묵상했고, 어린양의 보혈이 나를 덮기를 간구했습니다. 그럼으로써 고통의 시간 동안에도 깊은 평안을 누릴 수 있게 되었습니다.

어린양의 길을 가는 동안 나는 주님과 함께 더 깊게 연합할 수 있었습니다. 다른 사람들이 나를 부당하게 대할 때마다 분노로 치를 떠는 것이 아니라 나를 보살피고 때를 따라 돕는 하나님의 능력을 입증하는 기회로 삼을 수 있었습니다. 어린양의 길을 따를 때에 고통은 더 이상 고통이 아닙니다. 그 고통은 우리에게 영원한 기쁨과 한없는 행복을 가져다주는 '변장된 축복'입니다. 이 깨달음은 오직 자아를 파쇄하며 어린양의 길을 걸어갈 때에만 얻을 수 있습니다.

고린도전서 2장 12절 말씀대로 우리는 세상의 영이 아니라 오직 하나님으로부터 온 영을 받은 사람들입니다. 그럼으로 우리는 하나님께서 우리에게 은혜로 주신 것들을 알 수 있습니다. 어린양의 길을 걷다 보면 우리는 마침내 하나님 나라에 들어갈 것입니다. 거기서 우리는 하나님이 우리에게 은혜로 주신 모든 놀라운 선물들을 발견하게 될 것입니다. 이것이 우리의 소망입니다. 오늘 하루, 이 소망을 붙잡고 어린양의 길을 묵묵히 걸어갑시다.

## 기도

하루의 분주하고 번잡한 삶 속에서 원망과 쓴 뿌리가 얼마나 자주 올라오는지요. 화해와 용서는 고사하고 상처로 높은 담을 쌓았던 나날들을 회개합니다. 우리의 마음을 새롭게 해 주시고 언제나 하나님을 바라보며 믿음의 선한 싸움을 싸울 수 있게 도와주십시오. 오늘도 나의 자아를 죽이며, 묵묵히 어린양의 길을 걷게 해 주십시오. 주님 걸으신 그 길을 걸어가면서 긍휼하신 하나님의 사랑이 흘러가는 축복의 통로가 되게 하소서. 어떤 경우에도 하나님의 사랑 편지가 되게 하셔서 사람들로 하여금 하나님을 경험하게 하는 도구로 삼아 주시옵소서. 아멘.

---

## 노트

**호라티우스 보나르** | 그리스도께 가까이 머물며, 그분과 친밀한 관계를 맺고 그분의 성품에 동화되는 것이 능력 있는 사역을 구성하는 핵심 요소입니다.

# 사랑으로 하나가 되자

"또 이 우리에 들지 아니한 다른 양들이 내게 있어 내가
인도하여야 할 터이니 그들도 내 음성을 듣고
한 무리가 되어 한 목자에게 있으리라"

요한복음 10:16

주님은 일찍이 '사랑으로 하나 됨의 사명'을 우리 자매회에 주
셨습니다. 사랑은 고통과 수치, 굴욕의 가시덤불 속에서 피어나
는 꽃입니다. '사랑'은 한 사람이 자신의 원수까지도 마음 깊이
품었을 때에만 사용될 수 있는 단어입니다. 모든 사람들은 지독
히도 자신의 관점과 견해에만 매달립니다. 사실 인간의 마음보
다 부패한 곳은 없습니다. 우리의 마음은 다툼과 헐뜯음, 가식
과 분열이 자라는 곳입니다. 변화는 어떻게 일어납니까? 부패
하고 이기적인 인간적 자아가 죽을 때에만 일어납니다. 나의 자
아가 죽고, 그 빈 공간에 사랑과 화해, 생명이 들어가야 합니다.
주님의 영으로 우리 마음이 새로워져야 합니다. 그 전까지는 결
코 변화가 일어나지 않습니다. 그 변화 전에는 아무리 노력해도
다른 사람을 진정으로 사랑하며 그들과 하나가 될 수 없습니다.

나는 '화해를 위한 여행'을 여러 번 떠나게 되었습니다. 주님
은 내게 전 세계 그리스도의 몸 안에 넘쳐있는 불화를 회복시키
라는 강한 열망을 주셨습니다. 내면의 눈으로 가시면류관을 쓰
고 고통당하시는 주님을 보았을 때, 깊은 감동 가운데 영적 진
리의 눈이 열렸습니다. 사람들이 가시면류관을 쓰신 주님을 조

## 한 줄 묵상

**부패하고 이기적인 인간의 자아는 죽고 사랑과 화해의
성령으로 생명을 얻어야 변화는 일어납니다.**

---

소하는 그 순간에 진정한 주님의 나라, 사랑의 왕국의 기초가
놓이고 있다는 역설적 사실을 깨달았습니다.

오늘날에도 하나님의 사랑의 왕국은 멸시당하고 가시면류관
을 쓴 믿는 자들이 기꺼이 예수님의 길을 걸어갈 때 이뤄집니
다. 이런 영적 법칙을 깨닫자 나는 믿음의 여정 동안 겪었던 모
든 거절들을 은혜로 달게 받아들일 수 있었습니다. 주님이 주시
는 사랑의 능력 안에서 모든 인간적 슬픔들을 이겨내게 되었습
니다. 이후 교파를 초월해 예수님을 사랑하는 자들과 친밀한 교
제가 이뤄졌습니다. 이 그리스도의 몸 된 교회들 간의 연합이
내게 큰 위로를 주었습니다.

1963년에 주님은 나를 시내산으로 부르셨습니다. 거기서 하
나님의 계명을 무시하는 이 세대가 회개하고 다시 계명을 지킬
때, "나의 계명을 지키는 자라야 나를 사랑하는 자니 나를 사랑
하는 자는 내 아버지께 사랑을 받을 것이요 나도 그를 사랑하여
그에게 나를 나타내리라"는 요한복음 14장 21절의 말씀이 이루
어진다는 것을 깨닫게 되었습니다. 열방에 대한 하나님의 사랑
이 새롭게 다가왔습니다.

예수님은 율법과 선지자를 폐하는 것이 아니라 완전하게 하기 위해 이 땅에 오셨습니다. 하나님은 우리 인간들이 일상에서 주의 계명을 지키고 진정으로 사랑의 삶을 살기를 소망하십니다. 그분은 우리를 사랑으로 부르셨습니다. 그래서 우리의 소명은 서로 사랑하는 것입니다. 시내산에서의 깨달음 이후 주님은 우리 자매들을 전 세계로 보내셨습니다. 많은 나라에 마리아자매회 지부가 생겼습니다. 우리의 목적은 단 하나, '사랑의 소명을 다하는 것'이었습니다. 주님의 부르심을 완수하기 위해 자기 생명까지 내려놓는 사람들은 한 사람도 예외 없이 참 생명이신 예수 그리스도를 만나며, 그분의 사랑을 맛보게 됩니다. 그때, 우리는 진정한 사랑을 찾게 됩니다.

가나안의 자매들은 세계 각 지부에서 사역하면서 열방의 그리스도인들이 주님의 사랑으로 하나가 되는 모습을 보게 되었습니다. 예수님을 사랑하는 사람들은 이전에 서로 본 적이 없어도 서로서로 알아보며 하나가 되어 갑니다. 다른 교파와 교단에도 불구하고 주님을 사랑하는 마음으로 하나가 됩니다. 오늘날, 교파를 초월해 예수님을 사랑하고 믿으며 하나님의 말씀과 계명에 충실한 사람들이 함께 모여 영적 연합을 이뤄가고 있습니다. 우리 모두는 오직 예수님의 사랑 안에서 더 가까워질 수 있습니다. 예수님을 사랑하는 사람들은 눈에 보이지 않아도 서로 격려하며 그리스도 안에서 한 몸을 이룹니다. 그럼으로써 예수님의 재림과 어린양의 혼인 잔치를 준비할 수 있게 됩니다. 이 모든 '주 안에서의 하나 됨'은 박해가 일어날 때, 고난의 한가운데서 더욱 분명하게 드러날 것입니다. 주님을 사랑하십시오! 그 사랑으로 서로 하나가 되십시오. 그러면 영원한 사랑이신 예수님은 자신을 사랑하는 자들 안에 거처를 삼으시고 믿는 자들의 마음 안에 주님을 향한 열렬한 사랑이 타오르게 하실 것입니다.

"사람이 나를 사랑하면 내 말을 지키리니 내 아버지께서 그를 사랑하실 것이요 우리가 그에게 가서 거처를 그와 함께 하리라"(요 14:23) "나의 사랑, 내 어여쁜 자야 일어나서 함께 가자"(아 2:10)

---

## 기도

주님, 우리가 얼마나 쉽게 자신의 관점과 견해에 매달리며 조금만 달라도 장벽을 쌓기 일쑤인지요. 성령님의 조명으로 내가 먼저 회개하는 은혜를 허락해 주시고, 분열과 나뉨이 있을 때 주님의 슬퍼하심을 깨닫게 하소서. 때로 수모와 아픔을 당할지라도 주님을 바라보면서 사랑으로 견디게 해 주십시오. 우리 안에 하나님의 사랑이 부어져 모든 차이를 뛰어넘어 하나 되게 하셔서 세상으로 하여금 우리가 주의 제자인 것을 알게 하소서. 무엇보다 사랑의 주님을 내 마음에 모셔 주님의 재림을 준비하게 해 주시옵소서. 아멘.

---

## 노트

**팀 켈러** ㅣ 예수님은 단지 우리가 죽어야 할 죽음만 죽으신 것이 아닌 우리가 살아야 하는 삶도 사셨다.

# 주님과 동행하라

"나는 포도나무요 너희는 가지라 그가 내 안에,
내가 그 안에 거하면 사람이 열매를 많이 맺나니 나를
떠나서는 너희가 아무 것도 할 수 없음이라"

**요한복음 15:5**

시편 기자는 "(우리) 연수의 자랑은 수고와 슬픔뿐이요 신속히 가니 우리가 날아가나이다"(시 90:10)라고 고백합니다. 이 땅에서의 삶은 시련의 연속이며 누구나 매일 십자가를 져야 합니다. 그렇다면 무거운 짐과 십자가를 어떻게 해결할 수 있을까요?

우리를 짓누르는 일생의 수많은 짐들 위에 새 짐들이 계속 쌓이게 되면 절망감이 엄습합니다. 그때, 주님은 우리 곁에서 조용히 말씀하십니다. "수고하고 무거운 짐 진 자들아, 다 내게로 오라." 그것은 그분의 사랑의 초대입니다. 그 초대에 응할지 여부는 전적으로 우리에게 달려 있습니다. 그분은 자신과 함께 지는 멍에는 쉽고 가볍다고 하셨습니다. 그 말대로 주님의 초대에 응하면 그분의 사랑과 도움, 섬세한 위로를 통해 삶의 멍에가 가벼워지며 새로운 원기를 얻게 됩니다. 이것이 어떻게 가능할까요?

오직 고난을 겪어본 사람만이 주 예수 그리스도의 고난을 진실로 이해할 수 있습니다. 내가 고난의 길을 가기 시작했을 때, 먼저 고난의 길을 가신 주님과의 친밀한 교제가 이뤄졌습니다.

## 한 줄 묵상

**주님과 연합하여 '한 알의 밀알이 땅에 떨어져 죽는'
그 길을 묵묵히 가다 보면 주님의 때에
반드시 풍성한 열매를 맺게 될 것입니다.**

그것이 내게 진정한 생명을 가져다주었습니다. 인생이 누릴 수 있는 최고의 축복은 바로 주님과 동행하는 것입니다. 그 축복은 오직 십자가의 길 위에서만 발견됩니다. 그 길에는 수치와 역경, 문제들이 널려 있습니다. 그 고난의 길을 걸으며 이전에는 결코 접근하지 못했던 보물 창고인 예수님의 십자가와 고난이 제게도 활짝 열렸습니다. 그러면서 슬픔을 겪은 인자이신 그리스도를 더욱 깊이 알게 되고 더욱 사랑하게 되었습니다.

주님의 고난을 묵상하는 것이 내게 축복이 되었단 말입니다! 그 안에 하나님의 가장 큰 사랑의 비밀이 담겨있었습니다. 그 안에서 내 작은 십자가와 고난을 견뎌낼 힘과 위로를 얻었습니다. 예수님과 친밀히 교제하며 그 길을 갈 때, 주님의 사랑이 내 안에 더 깊이 뿌리내리게 됩니다. 그 길에서 친구 되신 주님은 오래 참고 용서하며 원수까지도 품는 진실한 사랑을 가르쳐 주십니다.

수치와 역경의 길을 걷다 보면 다른 사람들의 인정과 존경을 잃을 수 있습니다. 그러나 그 대신 주님을 좀 더 친밀히 알게 되고 주의 고난에 더 깊이 참여하게 됩니다. 무엇이 더 귀중합니까? 육신은 물론 영혼과 정신까지 고통을 받더라도 주님과 기필코 동행할 때, 세상에서 맛볼 수 없는 깊은 평화와 주님의 고난의 샘에서 솟아나는 승리와 영광을 경험하며 신랑 되신 우리 주님의 성품을 충만히 알게 될 것입니다. 그분과 동행한다면 고난속에서 빛나는 기쁨을 맛보고 주 안에서의 풍성한 삶을 실제로 누리게 됩니다. 주님과 동행하십시오! 그분의 초대에 응하십시오! 그분께 당신의 멍에를 내려놓으십시오! 반드시 유쾌한 날이 이를 것입니다.

우리 자아가 집착하는 모든 것을 십자가에 내려놓는 일은 자아의 죽음을 뜻하는 것일지 모릅니다. 그 죽음의 과정을 지날 때, 우리의 육적 소원을 십자가에 내려놓고 겸손히 주님과 함께 길을 갈 때, 사랑의 주님과 하나가 되는 진정한 연합의 체험을 하게 됩니다. 주님과 연합하여 '한 알의 밀알이 땅에 떨어져 죽는' 그 길을 묵묵히 가다 보면 주님의 때에 반드시 풍성한 열매를 맺게 될 것입니다.

당신은 깊은 상처를 받았을 때, 어떻게 그 고통을 견디십니까? 한 가지 비밀을 말하고 싶습니다. 상처로 신음할 때, 나는 홀로 있지 않았습니다! 나를 지극히 사랑하셔서 가시면류관을 쓰고 고통당하신 주님이 내 상처를 바라보며 함께 고통스러워하셨습니다. 그 고통의 때에 나는 주님과 함께 있었습니다. 그 것이 얼마나 내게 위로와 도움을 주었는지 모릅니다. '주님이 나와 함께 하신다!'는 확신이 내게 새 힘을 줬으며 내 믿음을 새롭게 했습니다. 나와 함께 하시는 그분은 살아 계신 주님이십니다. 주님은 지금도 살아 계십니다! 이것을 믿으십시오. 그분을 바라볼 때 "그들이 주를 앙망하고 광채를 내었으니 그들의 얼굴은 부끄럽지 아니하리로다"는 시편 34편 5절의 말씀을 실제 경험할 수 있었습니다. 주님과 동행하는 빛나는 경험이 오늘 이 글을 읽는 모든 분들에게 넘치기를 소망합니다.

---

## 기도

주님, 일상의 삶 속에서 나를 낮추는 작은 수모도 참기 어려워하는 제 모습을 봅니다. 쓴 뿌리와 원망을 떨쳐내지 못해 헤매는 내 자신 그대로를 십자가 앞에 내려놓습니다. 주님 보혈로 씻어주시고, 진리의 영이신 성령님의 도우심으로 수모와 역경의 길을 갈 때에도 생명의 길을 선택할 수 있게 해 주십시오. 일상의 삶에서 예수님의 고난과 부활을 묵상하며 주님과 친밀한 교제 가운데 동행하는 자가 되게 하소서. 아멘.

---

## 노트

**십자가의 요한** ㅣ 사탄은 주님과 연합된 영혼을 만나면 마치 주님을 만난 것처럼 두려워합니다.

# 더 사랑하라

"나의 사랑, 내 어여쁜 자야 일어나서 함께 가자"

아가서 2:10

하나님은 질투하시는 분이십니다. 그분은 온전한 사랑을 받기 원하시며 진정한 사랑은 결코 나누인 사랑이 아닙니다. 나는 주님을 만난 이후 진심으로 하나님에 대한 사랑으로 불타오르기 원했습니다. 그래서 늘 이렇게 기도했습니다. "오, 주님. 제가 하나님 나라를 위해 마지못해 일하는 일꾼이 되지 않도록 지켜주십시오. 영적으로 미숙해서 생수가 흐르지 않는 그리스도인이 되지 않도록 지켜주옵소서."

사역을 진행해 나가면서 나는 모든 부류의 기독교 단체 안에는 명목적인 신자와 진정한 예수님의 사도들이 존재한다는 것을 발견했습니다. 무엇이 과연 진정한 제자가 되는 비결일까요? 그 해답은 바로 하나님과 사람들 앞에 죄인임을 인정하는 겸손하고 참회하는 심령을 지니는 것이었습니다. 그런 심령의 사람들은 자신의 죄를 인정하고 징계를 받아들입니다. 그들은 "사함을 많이 받은 자가 사랑함이 많다"(눅 7:37~50)는 말씀처럼 예수님만을 전적으로 사랑할 수밖에 없습니다. 나는 이 사랑을 통해 진정한 자유를 얻고 모든 질문에 대한 해답을 얻게 되었습니다.

## 한 줄 묵상

**사랑이 해답이었습니다. 인생의 모든 문제를 푸는 열쇠는
예수님을 향한 사랑이었습니다.**

나는 일생에 단 하나의 욕망만을 갖고 살았습니다. 그것은 계속 주님 안에서 사랑이 많은 자가 되고 싶은 욕망입니다. 그 욕망은 나의 깊은 동경이며 하나님께 향하는 간절한 탄원이었습니다. "하나님, 저를 사랑으로, 더 많은 사랑으로 채워주셔서 비록 다른 사람들이 저를 적대시할지라도 어디든지 사랑으로 당신을 따를 수 있게 하소서." 사랑의 주님은 나의 모든 기도들을 실제로 이뤄주셨습니다.

주 예수님은 내가 18세 때에 십자가에 달리신 구세주로 다가오셨습니다. 이후에 그분은 또한 신랑으로서 자신의 사랑하는 마음을 내보이시며 나를 찾아오셨습니다. 나는 주님께 모든 것을 다 바쳐 사랑하기 원했습니다. 이 세상에서 누가 가장 행복한 사람입니까? 사랑하는 사람입니다. 특히 예수님을 사랑하는 사람보다 더 행복한 사람은 없습니다. 주님께 대한 나의 사랑이 순수하고 성령에 의한 것이라는 증거로 하나님은 나로 하여금 십자가를 전보다 더 사랑하게 하셨습니다. 그러자 '그리스도의 사랑이 나를 강권하시기 때문에' 어떤 희생도 크게 느껴지지 않았습니다.

마음 깊이 예수님을 사랑하게 되자 하나님이 이전과는 완전히 다른 방법으로 나를 소유하기 원하신다는 사실을 알게 되었습니다. 예수님이 마치 이렇게 제게 간청하시는 것 같았습니다. "더욱더 많은 시간을 내게 다오. 더 많은 시간을 기도하고 말씀을 읽기 바란다. 너의 삶의 더 많은 부분을, 더 많은 재능을, 더 많은 소유를 내게 주지 않겠니?" 이런 도전을 주시면서 하나님은 또한 나에게 더욱더 그분을 사랑할 수 있는 은사를 주셨습니다.

사랑은 본시 독점적인 것이어서 사랑받는 이에게 모든 것을 주게 됩니다. 실제의 삶에서 이 사랑을 체험하기 위해서는 이전에 관심을 쏟았던 시간과 재정, 소중한 것들을 내려놓고 우리 생활의 모든 영역을 완전히 예수님의 처분과 지배 아래 둘 때에 가능합니다. 온전한 헌신은 공허한 상태에서 이뤄질 수 없습니다. 주님에 대한 사랑이 나를 강권함으로 나는 자발적이며 기쁘게 예수님과 함께 하는 빈곤한 생활을 선택할 수 있었고 사랑이 있었기에 평생 어린양의 길과 겸손의 길을 행복하게 걸어갈 수 있었습니다. 나는 점점 더 사랑의 비밀을 알게 되었습니다.

그것은 예수님의 사랑 안에서는 온 세상이 나의 것임을 깨달은 것입니다. 왜냐하면 온 세상은 그분께 속해 있기 때문입니다. 결론적으로 사랑이 해답이었습니다. 인생의 모든 문제를 푸는 열쇠는 예수님을 향한 사랑이었습니다. 할렐루야!

하지만 세상에서 일어나는 급속한 이혼이 천상의 신랑이신 예수님과의 사이에서도 일어날 수 있는 그림자입니다. 실제로 아가서의 술람미 여인처럼 이 땅에 사는 동안 우리는 예수님을 항상 다시 잃어버리곤 합니다. 그분 이외의 다른 일이나 사람들, 자신의 명예와 위신, 자신을 만족시키는 것들로 가득 차 주께 헌신하기 어려울 때 우리는 그분을 잃어버리게 됩니다. 예수님은 이 땅에서 낮아짐과 겸손의 자리, 자기 부인과 희생의 자리에 계셨습니다. 때로 우리가 그분을 만나지 못하는 이유는 바른 장소에서 그분을 찾고 있지 않기 때문일 수도 있습니다. 신랑에 대한 신부의 사랑은 그 신부가 신랑이 있는 곳에서 거하려는 열망으로 입증됩니다. 룻의 결심이 우리의 것이 되게 합시다. "당신께서 가시는 곳에 나도 가고 당신께서 머무시는 곳에서 나도 머물겠나이다"(룻 1:16)

---

## 기도

사랑하는 예수님, 당신을 더욱더 사랑하기 원합니다. 나의 모든 것을 던져 당신을 사랑하며, 당신의 사랑을 얻게 해 주십시오. 지금 제게 필요한 것은 더 많은 사람과 더 많은 책이 아닙니다. 저에게는 주 예수님만 필요합니다. 주님, 저를 찾아오셔서 다스려 주십시오. 당신을 향한 사랑으로 제 마음이 타오르게 해 주십시오. 어떤 대가를 치르더라도 주님만 붙들기 원합니다. "일어나 함께 가자"는 주님의 초청에 기꺼이 "예"라고 응답하게 해 주십시오. 당신만을 사랑합니다. 아멘.

---

## 노트

**윌리엄 거널** ㅣ 우리는 사람들을 대단히 두려워한다. 우리가 하나님을 경외하지 않기 때문이다. 하나님에 대한 경외가 사람에 대한 두려움을 치유한다.

# 병상의 축복을 바로 보자

"아버지여 아버지께는 모든 것이 가능하오니
이 잔을 내게서 옮기시옵소서 그러나
나의 원대로 마옵시고 아버지의 원대로 하옵소서"

**마가복음 14:36**

나는 여러 병으로 고통을 당했습니다. 때로는 심각하지 않아도
여러 달 병상에 누워 있어야 했고, 어느 때는 여러 해 동안 병이
지속되어 밤마다 고통으로 잠을 이루지 못했습니다. 낮에도 너
무 힘이 없어 안간힘을 써야 겨우 일을 하곤 했습니다. 병세가
너무 심하게 악화되어, 수 주일 동안 죽음의 문턱에서 생명이
위독한 상태로 병원에 누워 있기도 했습니다. 밤낮으로 육신의
고통에 허덕이며 내 마음은 갖가지 의문들로 가득했습니다.

이런 육신적 고통의 시간을 지나면서 나는 병마다 증세가 다
르듯 병에 따라 위로의 방법도 다르다는 것을 깨달았습니다. 어
떤 병은 육체에 심한 고통을 주며 많은 불편을 겪게 하고, 어떤
병은 우리 영혼에 부담을 줍니다. 그러나 어떤 병이든 하늘 아
버지께서 우리를 사랑하시기에 허락하신 것입니다. 우리가 예
수님의 사랑을 믿고, 그분의 뜻을 받아들이며, 그 길을 따른다
면 주님은 모든 시험과 걱정을 축복으로 변하게 하실 것입니다.

의술이 발전한 오늘날에도 병 고치는 기적이 일어날 때마다
사람들은 위대한 의사이신 예수님을 새롭게 받아들이고 "나는
부활이요 생명이다"라고 하신 그리스도의 임재를 느낍니다. 부

**우리가 예수님의 사랑을 믿고, 그분의 뜻을 받아들이며,
그 길을 따른다면 주님은 모든 시험과 걱정을
축복으로 변하게 하실 것입니다.**

활의 주님은 우리의 마음과 영혼을 소생시킬 뿐 아니라 병든 자들을 치유하시고 그들로 하여금 새 생명을 얻게 하십니다.

성경에는 종종 병 고치는 기적에 대한 이야기가 믿음과 관련되어 나옵니다. 많은 사람들이 예수님께서 소경에게 "보라, 네 믿음이 너를 구원하였느니라"(눅 18:42)고 하신 말씀을 근거로 '치유는 믿음에 의존한다'고 결론짓습니다. 물론 우리는 믿음의 부족으로 인해 치유 받지 못할 수도 있습니다. 그러나 성경에 나오는 믿음의 영웅들 모두가 자신들의 고통에서 기적적으로 구원받았던 것은 아니라는 사실을 주목하는 것도 중요합니다. 믿음의 영웅들 중에는 고통에서 나음을 받지 못한 사람들도 있습니다. (히 11:35~39) 성경은 질병의 치유에 대해 많이 기록하고 있지만 병 고침을 받지 못한 사람들에 대해서도 언급합니다. 바울은 병든 드로비모를 밀레도에 두고 떠났고(딤후 4:20) 디모데의 위장병을 위한 자연 처방을 내려 줬으며(딤전 5:23) 자신도 '육체의 가시'로 인해 고통을 당해야 했습니다. (고후 12:7)

예수님은 분명히 믿음이 있으셨지만 이렇게 기도하셨습니다. "아버지여 아버지께는 모든 것이 가능하오니 이 잔을 내게

서 옮기시옵소서. 그러나 나의 원대로 마옵시고 아버지의 원대로 하옵소서"(막 14:36)

주님은 고통에서 벗어나고자 기적을 요청하지 않으셨습니다. 다만 어떠한 고통일지라도 하나님의 뜻에 온전히 자신을 맡기셨습니다. 우리가 소위 '강한 믿음'이라고 말하는 것은 오히려 강한 자기 의지이거나 반항일 수도 있습니다. 하나님께 병 고침을 구하는 것은 우리의 권리는 될 수 있지만 병 고침만이 유일한 하나님의 방법은 아닙니다. '믿음이 있으면 반드시 병 고침을 받는다'는 태도를 지니고 있을 때, 주님께서 응답하지 않으신다면 우리는 큰 절망에 빠질 수 있습니다. 병 고침을 받을만한 충분한 믿음이 없다고 자신을 자책하거나, 주변 사람들의 부족한 믿음이 하나님의 축복을 가로막고 있다고 비난할 수 있습니다. 그러면서 결국 하나님을 원망하게 됩니다.

나는 질병과 관련해 두 가지 체험을 간증할 수 있습니다. 나는 주님의 능력으로 병이 치유된 적이 있는가 하면, 병이 낫지 않아 오랫동안 병상에서 지내기도 했습니다. 그러나 나는 결코 병상에 머물러야 했던 기간을 후회하지 않습니다. 그 병상의 삶이 죄인으로서 필요했던 시간이었기 때문입니다. 그 기간에 나는 연단 받고, 정화되었으며, 변화되었습니다. 그러면서 병중의 축복을 깨달았습니다.

병상에서의 가장 고귀한 체험은 하나님 아버지께서 고통과 곤경 중에 있는 자녀를 특별히 사랑하신다는 사실을 깨달은 것입니다. 하나님은 분명 병중에 있는 당신의 자녀들을 위해 특별한 축복과 사랑의 선물을 준비하고 계십니다. 그들과 사랑의 언약을 맺기 원하십니다. 그들을 영원을 위해 준비시켜 영광의 길로 인도하기 원하십니다.

# 기도

하나님, 제가 현재의 복락과 이 짧은 세상에서의 행복에만 관심 둔 것을 회개합니다. "육체의 고난을 받은 자는 죄를 그쳤음이니"라는 베드로전서 4장 1절의 말씀처럼 육체의 고난을 통해 영혼을 치료하기 원하시는 주님을 찬양합니다. 질병을 통해 더욱 하나님을 의지하게 하시고 잠잠히 주님만을 바라게 인도해 주십시오. 병중에서 하나님 음성 듣는 것을 배우게 하시고 주님의 빛 가운데 지난 생을 조명하기 원합니다. 비록 육신은 연약해지고 고통당할지라도 우리 영혼은 더욱 정결해져 부활의 몸으로 준비되게 해 주시옵소서. 아멘.

---

# 노트

**리처드 포스터** ┃ 우리의 삶은 온통 역경으로 가득 차 있기 때문에 이 세상에서는 인내가 필요합니다. 우리가 아무리 열심히 애를 쓴다 하여도 투쟁과 슬픔이 없는 삶은 있을 수가 없습니다. 따라서 시험이 없는 평화를 갈구하거나 역경을 느끼지 못하는 삶을 추구해서는 안 됩니다. 평화는 유혹과 시험을 피함으로써 얻어지는 것이 아니라 그것을 실제로 겪음으로써 얻어집니다. 우리가 직접 시련을 당해 보고 시험과 환난을 겪어 볼 때 비로소 평화를 얻게 될 것입니다.

# 하나님의 놀라우신 계획을 바라보자

> "이는 하늘이 땅보다 높음 같이 내 길은 너희의 길보다 높으며
> 내 생각은 너희의 생각보다 높음이니라"
>
> 이사야 55:9

　　혹시 당신이 지금 마치 광야나 미로에서 방황하고 헤매며 길을 가고 있는 것 같으십니까? 비록 그렇게 느껴질지라도 하나님은 지혜롭고 영원하신 계획대로 당신을 놀라운 목적지로 인도하고 계시다는 사실을 믿으십시오. 사랑과 진리이신 하나님은 당신의 자녀들을 혼란 속으로 인도하지 않으십니다. 절대로 당신을 미궁으로 가게 하지 않으십니다. 다만 당신에게는 그렇게 보일 뿐입니다. 그러므로 어떤 경우에도 하나님을 신뢰하고 기다리십시오. 어느 순간, 그 무의미해 보였던 길에 깊은 뜻이 있음을 발견하게 될 것입니다. 주님은 빛과 진리이시기에 당신을 밝은 진리 가운데로 인도하실 것입니다.

　　나는 중요한 결정을 내려야 할 때마다, 특히 어떤 일에 대한 상반된 조언들로 인해 어찌할 바를 모를 때, 하나님의 인도하심에는 언제나 깊은 뜻이 있다는 사실을 경험했습니다. 그러니 머리로 하나님의 인도하심을 이해하려고 골치를 앓지 마십시오. "왜 이렇게 무의미해 보이는 암흑과 혼란, 결과를 알 수 없는 길로 데려가시냐"고 묻지 마십시오. 의심과 유혹 속에 파묻혀 자신을 괴롭게 하지 마십시오. 대신 예수님이 친히 항해사가 되시

**의심과 유혹 속에 파묻혀 자신을 괴롭게 하지 말고,
예수님께서 친히 항해사 되시는 '하나님의 사랑의 배'에
올라타십시오.**

는 '하나님의 사랑의 배'에 올라타십시오. 그러면 언젠가는 반드시 당신을 위해 예비하신 영광스러운 목적지에 도달하게 될 것입니다. 나중에 되돌아보면, 아버지로부터 온 모든 것들이 영원한 지혜로 가득하며 우리를 향한 사랑의 마음에서 나온 것임을 알게 될 것입니다. 그러므로 당신의 제한된 머리로 하나님을 이해하려고 애쓰지 마십시오. 죽을 수밖에 없는 존재이며 제한된 지식과 논리를 지닌 피조물인 우리가 모든 것을 이해할 수는 없습니다.

하늘과 땅을 지은 전지전능하신 하나님은 영원토록 변함없는 분이십니다. 그분의 지혜와 사랑을 의심하지 마십시오. 대신, 우리의 의심과 내적 갈등 뒤에 얼마나 많은 아집과 반항심이 자리 잡고 있는지 스스로에게 물으십시오. 실제로 당신은 하나님의 인도하심과 십자가를 거절하고 있는지도 모릅니다. 자신을 향한 하나님의 뜻이 무엇인지 모른다고 자위하며 문제를 회피하고 있을 수도 있습니다. 혹은 하나님께서 그 길로 이끄시는지 이유를 몰라 반항적일지도 모릅니다. 그러나 명심하십시오. 주님은 기다리고 계십니다! 당신이 하나님의 도우심을 신뢰하면

서 주님의 뜻에 자신을 내려놓고 그분이 모든 것을 분명히 보여주실 때까지 인내하기를 말입니다.

그러므로 하나님을 이해하려고 애쓰기보다 하나님과 그분의 사랑을 신뢰하고, 순종하십시오, 그러면서 당신 앞에 놓여있는 다음 단계를 밟으십시오. 하나님 안에서는 지금 겪는 고난으로 모든 것이 끝나는 것은 결코 아닙니다. 항상 새롭게 이렇게 말씀드리십시오. "하나님 아버지, 지금 저는 당신을 이해할 수 없지만 당신의 사랑을 신뢰합니다."

또한 우리는 예수님께 도움을 요청할 수 있습니다. 우리처럼 시험을 당하셨지만 죄를 짓지 않으신 주님께서는 우리가 시험당할 때 도와주실 것입니다.(히 2:18, 4:15) 대제사장 되신 예수님께서는 우리를 불쌍히 여기시고 돕기 원하십니다. 우리 역시 반드시 주님께로부터 도움이 올 것이라는 사실을 믿어야 합니다.

만약 당신이 옳은 결정을 내렸는지, 제대로 길을 가고 있는지, 또는 어떤 사람을 적절히 대했는지 의심하며 괴로워하고 있다면 이 성경 말씀을 굳게 잡으십시오.

"자기 이름을 위하여 의의 길로 인도하시는도다"(시 23:3)

심각한 갈등으로 고통스러울 때마다 나는 이 말씀을 꼭 붙들었고, 그때마다 깊은 위로를 받았습니다.

어쩌면 당신이 결정을 내리기 전에 하나님의 인도를 구체적으로 구하지 않고 자기 고집대로 행함으로써 곤경에 처했을 수도 있습니다. 그렇다면 다음 단계는 통회하며 당신의 죄를 예수님께로 가져가는 것입니다. 만일 당신이 진정으로 뉘우치고 회개한다면, 주님께서는 이렇게 말씀하실 것이다. "네 죄가 용서받았다!" 명심하십시오. 주님께서 보시는 것은 죄가 아니라 겸손하게 뉘우치는 심령이라는 사실을!

## 기도

어떠한 상황 속에서도 하나님의 놀라우신 계획과 섭리를 바라보며 주님을 신뢰하기 원합니다. 마음은 원이로되 육신이 약하여 의심과 유혹 속에 시달리지 않도록 도우소서. 머리로 이해하려 하기보다 가슴으로 뜨겁게 하나님의 사랑을 신뢰하는 하나님의 자녀가 되게 하소서. 아멘.

## 노트

**고든 코스비** | 당신이 만약 자신의 힘을 마음대로 휘두른다면 당신이 되고자 하는 으뜸은 될 수 없습니다. 그러나 만약 당신이 섬김과 작은 자가 되는 방법을 배운다면 당신은 무엇이 진정 하나님의 뜻인가를 이해할 수 있을 것입니다. 높아지고 으뜸이 되고자 하는 욕망을 포기함으로써 우리의 삶은 으뜸이 될 수 있습니다. 이것이 바로 하나님의 뜻에 의해 우주가 움직이는 방법이고, 예수님께서 성육신하신 목적입니다.

# '예'와 '아멘'이신
# 하나님을 신뢰하자

"하나님의 약속은 얼마든지 그리스도 안에서 예가 되니
그런즉 그로 말미암아 우리가 아멘 하여
하나님께 영광을 돌리게 되느니라"

**고린도후서 1:20**

자기 자신과 다른 사람, 해결되지 않은 문제들을 놓고 믿음으로 하나님께 백 번, 천 번도 넘게 기도했는데 기도 응답이 없어 거의 녹초가 되어 있으십니까? 열렬한 간구에도 불구하고 하나님은 여전히 침묵하고 계십니까? 하나님께서는 왜 응답하지 않으실까요?

이런 경우엔 먼저 우리를 하나님에게서 멀어지게 하는, 제거해야 할 기도의 방해 요소가 있는지 물어야 합니다. 우리 삶의 어느 특정 영역이 하나님의 뜻과 명령으로부터 벗어나 있을지도 모릅니다. 아니면 우리에게 아직 회개하지 않은 죄가 있을 수도 있습니다. 또는 우리가 불화나 분통, 억울함과 시기심 속에서 살고 있는지도 모릅니다. 만약 하나님께서 기도의 방해 요소를 제거하시도록 그분의 응답을 기다려야만 한다면, 그 기다림의 순간들은 우리를 통회와 회개로 인도해주는 유익한 시간이 될 것입니다.

하지만 기도를 방해하는 요소가 없다 하더라도, 하나님께서는 대체로 우리의 기도에 즉시 응답하지 않으십니다. 나는 평생 많은 기도 응답을 받았습니다. 그러나 나의 뜨거운 갈망에도 불

## 한 줄 묵상

**오랜 기도가 성취될 때,
흔히 그 응답은 우리의 기도를 훨씬 뛰어넘습니다.**

구하고 오랜 시간 동안 응답을 기다려야 하는 고통스러운 경험도 자주 했습니다. 특히 나의 인생이나, 사역, 또는 내가 특별히 마음에 두고 기도하는 사람의 경우 10년, 20년, 때론 30년이 지나서야 기도 응답을 받은 경우도 많았습니다. 오랜 기도가 마침내 성취될 때, 흔히 그 응답은 우리의 기도를 훨씬 뛰어넘습니다. 기다림의 시간이 길고 힘들수록, 하나님은 더욱 풍성히 응답하십니다. 그럴 때마다 우리는 깊은 경외심으로 주님을 경배하지 않을 수 없습니다. 이는 마치 하나님 은혜의 풍성함으로 인해 그동안 막혀있던 그분의 선하심과 인자하심이 폭포수처럼 우리에게 쏟아 부어지는 것과 같습니다.

나는 이러한 인내의 시간을 통해 위대한 것들이 만들어진다는 사실을 깨달았습니다. 하나님이 기도를 듣지 않으시거나, 간구에 응답하지 않으신다고 느껴질 때, 항상 새롭게 내 믿음을 총동원해야 했습니다. 이렇게 늘 마음으로 되새겼습니다. "주님께서 언젠가 저의 기도에 응답하실 것을 믿습니다. 하나님을 신뢰합니다. 기도는 헛되지 않으며, 주님은 모든 기도에 귀를 기울이십니다. 주님이 당신의 말씀으로 이것을 약속하셨으니 반드시 성취될 것입니다." 기다림의 시간 동안 눈에는 보이지 않지만 중요한 것들이 만들어진다니, 얼마나 귀중한 하나님의 계획과 선물인가요! 아무것도 일어나지 않는 것처럼 보일 때, 믿음으로 인내하며 계속해서 싸우는 일은 고통스럽습니다. 그러나 이 고난 속에 놀라운 축복이 감춰 있습니다. 이 고난이 우리의 믿음을 강하게 만듭니다. 그럼으로써 나중에 또 다른 역경과 시험이 닥쳐올 때, 하나님을 신뢰하는 것이 수월해지며 믿음으로 '산을 옮기는' 일이 가능해질 것입니다.

'응답의 기다림'에는 또 다른 선물이 있습니다. 바로 겸손입니다. 주제넘게도 우리는 하나님께서 우리의 기도에 바로 응답하셔야만 한다고 생각하는 경우가 많습니다. 정작 우리는 하나님이 원하시는 것을 하지 않고 계속 그분을 기다리게 하면서 말입니다. 전능하신 하나님의 응답을 기다리면서 우리 각자는 피조물 된 자신의 위치를 깨닫게 됩니다. 이는 우리를 겸손하게 만들며 원수까지도 사랑하고 축복하시는 예수님을 더욱 닮아가게 합니다. 예수님은 "나는 마음이 온유하고 겸손하니"(마 11:29)라고 하셨습니다. 기도 응답까지의 긴 기다림의 시간을 통과하는 동안 우리로 하여금 예수님의 형상을 닮아가게 하시는 하나님의 다루심이 얼마나 놀라우며 지혜로운지요! 하나님께서 우리의 기도를 듣지 않으시는 것처럼 보이는 그 시간에 우리는 하나님과 그분의 이해되지 않는 섭리 앞에 자신을 굽히는 겸손, 하나님 자녀로서의 고귀함을 얻게 됩니다.

긴 기다림의 시간 후에 우리는 겸비한 마음으로 우리가 구한 것을 받게 될 것입니다. 그때 우리는 "하나님은 예와 아멘이십니다"라고 겸손히 고백하며 기도 응답으로 우리가 받은 것을 더욱 소중히 여기게 될 것입니다.

## 기도

믿음과 인내, 겸손이 없어 쉽게 기도를 포기하는 제 모습을 보며 회개합니다. 기다리는 동안에도 하나님의 선하심과 인자하심을 감사드리며 경배하게 하소서. 진실로 하나님은 예와 아멘이십니다. 아멘.

---

## 노트

**이 엠 바운즈** ┃ 우리는 기도할 때 지칠 줄 모르는 힘과 거부될 수 없는 인내와 꺾여지지 않는 용기로 강하게 구해야 한다.

국민북스
한 달
묵상
시리즈 2

like M. BASILEA SCHLINK

# 바실레아 슐링크처럼

# 바실레아 슐링크, 나의 이야기

## 평생 '예와 아멘'의 삶을 살다

나, 바실레아 슐링크는 1904년 10월 21일 독일 다름슈타트에서 모태 신앙인으로 태어나 2001년 3월 21일까지 96세의 긴 세월을 살았습니다. 항상 천국에 대한 사모함이 있었고 몸도 연약해서 주님이 빨리 데려가 주시길 갈망했지만, 측량할 길 없이 높고 깊으며 넓은 주님의 생각은 내가 이 땅에 오래 머무는 것이었습니다.

내 인생의 모토는 '주님이 내게 두 번 말씀하시지 않도록 해 드리는 것'이었습니다. 누구든지 사랑하게 되면 순종하듯이 주님의 말씀에 순종하기 원했습니다. 신실하신 하나님은 "예와 아멘"으로 응답해주셨습니다. 그래서 나의 영적 자녀들은 나의 묘지에 "예, 아멘"의 기념판을 세워 주었지요.

나는 예수님 안에서 내가 찾던 모든 것, 인생의 충만함과 진정한 축복을 발견했습니다. 우리의 죄를 빛 가운데 드러내시는 성령님의 도우심으로 나는 예수님께 대한 처음 사랑을 발견했습니다. 또한 회개와 용서를 통해 주님과 더욱 긴밀한 사랑의 관계를 가질 수 있었습니다. 주를 향한 사랑이 깊어 가면서 '이 사랑이 순수하고 성령에 의한 것'이라는 증거로 십자가를 전보다 더욱 사랑하며 역경과 어려움을 극복할 수 있는 은혜도 얻었습니다. 그 이후부터는 '그리스도의 사랑이 나를 강권하시기에' 그 어떤 희생도 크게 느껴지지 않았습니다.

회개는 바리새인처럼 외식적이고 위선적인 삶을 떠나도록 합니다. 자신이 죄인인 것을 보는 것은 고통스럽지만 예수님께 죄 사함을 받아 감사 가득한 사람으로 바뀌는 것을 경험할 때, 우리는 예수님을 진정으로 사랑하지 않을 수 없습니다.


1차와 2차 세계대전의 큰 진통과 풍랑 속에서 우리는 통회와 회개를 통해 하나님은 죽음과 폐허의 무덤에서 새로운 생명을 창조하시는 분이라는 것을 깊이 체험하게 되었습니다. 나는 과학과 예술에 관심이 있는 가정에서 자랐습니다. 아버지는 다름슈타트 대학의 수학 교수이셨습니다. 견신례 때 받은 "십자가의 도가 멸망하는 자들에게는 미련한 것이요 구원을 받는 우리에게는 하나님의 능력이라"(고전 1:18)는 말씀은 나의 생애를 통해 진실인 것을 간증합니다. 1차 세계대전에서 독일이 패망하는 고통과 상실의 아픔을 경험했던 18세 때 나는 십자가의 예수님을 체험하고 구원받았습니다. 이후 전적으로 하나님을 찾아가는 신앙의 여정이 시작되었습니다.

유치원 교사교육과정, 청소년 지도자교육 그리고 사회복지 공부와 말체(Malche) 성서대학에서 신학공부를 했고 함부르크 대학에서 심리학 박사학위를 받았습니다. 이 학업의 과정에서 후일 기독교마리아자매회의 동역자가 된 에리카 마다우스(Erika Madauss)를 만나게 되었습니다. 청년기 이후, 십자가의 시련은 나에게 구원과 영혼의 자유함을 가져다주었습니다. 만일 내 생애에서 십자가, 그리고 주님의 권고와 징계가 없었다면 나는 분명 독선적이고 자기만족에 사로잡혀 생명력 없고 교만한 율법주의자이거나 세상적인 명목상 그리스도인이 되었을 것입니다. 그러나 십자가의 길을 통해서 나는 얼마나 놀라운 하나님의 축복을 받았는지 모릅니다. 그러한 역경들이 오히려 나를 행복한 사람으로 만들어 주었습니다.

십자가는 언제나 나에게 양면성을 보여주었습니다. 내 마음 속에 있는 죄의 심연을 보여주는 한편, 하나님의 놀라운 사랑과 자비도 보여주었습니다. 그 사랑과 자비를 통해 진정 용서받은 죄인으로서 누리는 기쁨과 은혜를 누렸습니다. 그 후. 새로운 시련이 올 때마다 내 믿음은 더욱 강건해지고 주님께로 향한 사랑은 자라갔습니다.


# 예수님께 대한 사랑으로 어린양의 길을 가다

심리학을 공부한 나는 순수한 영적인 문제와 인간의 정신적·성격적인 영향을 받고 있는 문제를 분별하는 법을 배웠습니다. 이럼으로써 예수님께 대한 신부의 사랑 가운데 영이 아닌 혼적이고 육적인 억압된 동기를 분별하게 되었습니다. 이것은 하나님의 지혜로운 인도하심이었습니다.

신부로서의 사랑은 온전히 진리에 근거를 두고 있으며 죄의 깨달음과 회개, 뉘우침을 통해 마음의 변화와 인생 진로의 수정을 가져오게 합니다. 그러므로 진정한 신부의 사랑은 용서

받은 경험에서 나온 결과로 죄인이 예수님께 표현하는 사랑입니다.

"이러므로 내가 네게 말하노니 그의 많은 죄가 사하여졌도다. 이는 그의 사랑함이 많음이라 사함을 받은 일이 적은 자는 적게 사랑하느니라"(눅 7:47)

함부르크 대학에서 학업을 마친 후 하나님 약속의 성취를 기다리는 12년의 기다림의 시간이 시작되었습니다. 1935년 동역자 에리카 마다우스와 함께 다름슈타트에서 '여자 성경 공부반'을 시작했습니다. 이 시기는 온갖 수모와 고통을 당하시며 가시면류관을 쓰신 예수님을 더욱 알아가는 시간이었습니다. 참으로 주님과 깊이 연합하는 시간이었습니다.

그 어려운 시기에 '믿음과 고난의 길', '어린양의 길'을 걸었습니다. 기독교마리아자매회 태동 전에 우리들로 하여금 먼저 어린양의 길을 걷도록 인도하신 주님의 깊은 뜻이 있었습니다.

이 어려움과 시련을 예수님께 대한 사랑으로 이겨내는 것이 무엇보다 중요했습니다. 믿음 안에서 흔들리지 않고 계속되는 믿음의 싸움에서 영적 무기인 성경 말씀을 굳건히 붙잡도록 성령께서 우리를 인도하셨습니다. "이 묵시는 정한 때가 있나니 그 종말이 속히 이르겠고 결코 거짓되지 아니하리라 비록 더딜지라도 기다리라 지체되지 않고 정녕 응하리라"(합 2:3)

하나님은 이 광야의 길을 통해 앞으로 태동할 기독교마리아자매회의 사역이 경건이라는 미명아래 나의 개인적인 만족을 추구하는 것이 아니라 오직 하나님의 영광과 그분께 대한 온전한 사랑과 헌신이 되도록 연단하시고 정결케 하셨습니다.

1939년부터 7년 동안 다름슈타트에 머물면서 모슬렘선교회의 순회 강사직을 맡아 전쟁의 기운이 가득한 장소를 다니며 선교 강연회에서 말씀을 전했습니다. 당시 나는 그동안의 많은 시련과 시험을 통해 믿음의 확신을 갖게 되었고 그 확신을 통해 담대하게 사역했습니다. 2차 세계대전 중, 폭격기들로 인해 캄캄한 거리를 혼자 걸을 때, 그리고 초만원의 완행열차 안에서 머리 위로 날아가는 폭격기의 굉음을 흔히 들을 때, 믿음의 기도가 많은 힘을 주었습니다. 나는 예수님께서 흘리신 보혈의 능력에 대해, 예수님의 승리에 대해, 천국과 지옥, 예수님 재림과 영광에 대해 강의했습니다. 그 시기에 있었던 여러 가지 일들을 통해 나는 '예수님께 대한 사랑으로 어린양의 길을 가라'는 부르심을 받게 되었습니다.

나는 20대 청년기에 조그만 부당함이나 불의를 참지 못하는 불같은 성격을 갖고 있었습니다. 그 성격이 나에겐 큰 문제였습니다. 그것을 해결하기 위한 끊임없는 외침이 마음 깊숙한 곳에서부터 올라왔습니다. 그 후 10년이 넘는 '주님의 학교'를 통해 주님은 나를 다듬어 주셨습니다. 내가 꾸준히 기도했던 기도제목은 그분의 사랑을 진정으로 내 마음에 부어달라는 것이었습니다. 그것은 나와 같은 성향을 가진 사람에겐 오랜 시간이 걸리는 일이어서 성격의 한 모서리를 쪼개기 위해 여러 해 동안의 망치질이 필요했습니다. 온갖 부당한 대우를 당하면서 울어버릴 때가 많았지만 하나님의 훈련은 그치지 않았습니다. 내 마음의 완고한 부분이 '구멍투성이'가 될 때까지 계속 화살을 맞게 하셨습니다. 나는 용서하지 못하고 사랑하지 못하는 무능력을 회개하며 참회의 눈물을 흘렸습니다.

주님은 계속 긍휼과 사랑으로 다가오셨습니다. 나의 '옛 자아'는 몸부림쳤지만 어린양의 보혈은 그 놀라운 능력을 보이며 조금씩 나의 완악한 마음을 녹였고 점차 다른 이들의 죄에 대해 자비로운 마음을 갖게 했습니다. 이렇게 하나님은 나에게 어린양의 길을 가르치셨고, 더 이상 자신을 정당화하지 않고 인내로 시련을 참으며 부당한 질책도 견뎌내게 하셨습니다. 나는 그 길이야말로 '예수님의 길'임을 발견했습니다. 이런 상황 뒤에 하나님의 지혜로운 인도가 있었습니다. 원수를 사랑해야 하는 상황에 직면할 때, 인간의 사랑은 한계에 부딪히며 우리가 할 수 있는 모든 방법이 고갈됩니다. 그러나 하나님은 은혜로우셔서 우리가 매일 낮아지고 자기 의를 버릴 때, 주님의 의를 우리에게 허락하십니다. 또한 우리가 '그리스도 안에', 그분이 '우리 안에' 거하는 체험을 하게 하십니다.

한 번은 '진정한 사랑을 하려 할 때 죄와의 싸움에서 어떻게 승리하는가?'라는 주제로 강의를 하게 되었습니다. 그 설교는 내 경험을 바탕으로 한 것이어서 나와 똑같은 문제와 내적 갈등을 겪는 사람들의 심금을 울렸습니다. 강의는 속기로 기록되었고 나중에 인쇄되어 수백 부가 배포되었습니다.


# 모든 문제의 열쇠는
# '예수님에 대한 사랑'이었다

하나님의 방법은 얼마나 놀라운지요! 나는 고난과 연단을 겪으면서 하나님이 허락하신 상황에서 예수님 보혈의 능력으로 믿음의 싸움을 싸웠고, 하나님은 나의 간증으로 시험받는 많은 이들을 돕게 하셨습니다. 하나님은 기독교마리아자매회와 그 사명을 염두에 두고 계셨던 것입니다. 예수님께 대한 사랑으로 그분과 동행하며 어린양의 길, 인내와 사랑의 길, 겸손의 길을 가는 것이 기독교마리아자매회의 부르심이었습니다.

그 후에 하나님은 이전과 달리 완전한 헌신을 원하셔서 저는 매일의 삶을 재조정했습니다. 전적인 헌신에 대한 하나님의 부르심은 나중에 기독교마리아자매회의 영적인 생활과 특히 저의 개인 생활에 가장 중요한 것이 되었습니다.

또한 모슬렘 선교회 순회사역을 통해 하나님은 자매회 설립 시기에 중요한 역할을 할 사람들을 만나게 해주셨습니다. 여러 부류의 그리스도인 단체들을 만나 성도들의 다양함을 알며 그들을 있는 그대로 사랑하고 존중하는 법을 배우게 하셨습니다. 그리고 분리되고 나누어진 그리스도인들의 모습을 보며, 예수님의 몸인 우리가 서로 나뉠 때 주님이 받으실 아픔도 깨닫게 되었습니다.

여행 가운데의 만남 가운데 훗날 자매회의 영적 아버지가 된 감리교 안스바흐 지역 감독인 파울 리딩거 목사님과의 만남은 정말로 주님이 인도해주신 것이었습니다. 우리가 바이에른 지역의 한 목사관에서 열린 모임에 초대받았을 때 리딩거 목사님은 그 자리에서 무릎을 꿇고 성부와 성자, 성령 하나님께 경배 드리고 계셨습니다. 그 모습을 보고 얼마나 감동을 받았는지 모릅니다. 우리는 경배의 영으로 사는 사람들을 만났고 성령의 임재를 느낄 수 있었습니다. 우리는 큰 기쁨 속에 한목소리로 주께 찬양과 경배를 드렸습니다. 그 자리에서 제사장의 삶으로 부르시는 소명이 선포되었습니다. 그것은 성격이 까다로운 이웃 사람들에게 화를 내기보다는 자신의 죄를 회개하는 마음으로 하나님의 어린양인 예수님을 따르자는 것이었습니다. 우리는 국가의 절망적인 상황과 유대인들의 참상이 극적으로 반전될 수 있도록 중보기도를 드리며 하나님의 뜻을 구했습니다.

나는 여러 강연을 통해 유대인들을 선택하시고 그들에게 열방을 축복하는 사명을 갖게 하신 하나님의 구원 계획에 대해 강의했습니다. 그럴 때마다 국가 정보원들이 제가 하는 강연에 참석했습니다. 나는 두 번이나 비밀경찰에 불려가 몇 시간 동안 심문을 받기도 했습니다. 정치적으로 불안한 이 시기에 하나님은 나의 사역에 보호의 손길을 펴셨습니다.

나는 세상의 물질과 재산과 관련해 '없지만 있는 것'을 배웠습니다. 그럼으로써 여러 가지를 희생하는 것에 대한 모든 잘못된 망설임이 사라졌습니다. 예수님은 "그러므로 아들이 너희를 자유롭게 하면 너희가 참으로 자유로우리라"(요 8:36)는 말씀대로 우리를 죄의 속박에서 벗어나게 하실 뿐 아니라 완전히 자유롭게 해주셨습니다. 또한 우리를 행복하고 자연스러운 어린아이가 되게 하셨습니다.

22세 때부터 큰 고민거리였던 자유와 율법에 관한 문제, 세상에 대한 완전 포기와 개방의 문제, 자발성과 일방적인 것에 대한 문제가 믿음 안에서 해결되었습니다. 그 열쇠는 '예수님에 대한 사랑'이었습니다. 그리스도의 마음을 지니며 그분과의 연합 속에서 세상의 모든 것을 올바르게 사용하는 법을 가르쳐 주셨습니다.

# 폐허 이후 임한 회개와 부흥,
# 기독교마리아자매회의 탄생

1944년 9월 11일 밤, 다름슈타트는 18분간의 공중폭격으로 불바다가 되었습니다. 그런데 그 폭격의 밤이 놀라운 영적 부흥의 시간을 가져왔습니다. 폭격에서 살아남은 여자 성경 공부반 자매들이 찾아와 함께 기도하기 시작했습니다. 그 이전에는 자신들의 죄에 대한 고백과 회개의 눈물이 없었기에 예수님 이름이 그들 마음속에 기쁨이 되지 못했었습니다. 하지만 다름슈타트를 폐허로 만든 그날 밤의 사건이 남은 자들에게 깊은 회개를 하게 했습니다. 회개를 통해 자신의 죄는 물론 조국 독일의 심각한 죄를 깨닫게 됐습니다. 우리 가운데 회개의 불길이 일어난 것입니다. 우리는 시험의 때에 완전히 실패한 사실을 깨닫고 가슴 깊이 통회하며 회개했습니다. 주님의 심판이 이 나라에 임할 때, 우리는 헌신하여 기도와 간구를 드리지 않았고, 하나님의 거룩함 앞에 겸비하지 못했으며, 매일 밤 수천 명의 형제자매들이 죽어가는 데도 그들을 위해 중보하지 못했습니다. 무엇보다 '하나님의 눈동자'와 같은 유대인들이 그토록 잔인하게 학대받고 있을 때, 우리는 그들에게 전혀 도움의 손길을 펴지 못했습니다. 우리는 외적으로 아주 세련되고 종교적이었습니다. 매일 아침 하나님의 말씀을 읽었고, 매주 성경 공부에 참여했으며, 중보기도회에 참석하기도 했습니다. 그러나 우리는 정말로 하나님이 원하시는 것을 하지 못했습니다.

1945년 2월 어느 주일, 우리가 살던 슈타인베르크 하우스의 작은 방 '블루 룸'(blue room)에서 나는 이방 민족인 니느웨 사람들이 하나님의 심판에 대한 경고만 듣고도 베옷을 입고 재를 쓰며 얼마나 통회했던가를(욘 3장) 자매들과 함께 나누었습니다. 우리는 하나님의 심판 아래 있으면서도 통회하지 않았고, 너무나 교만해 하나님의 심판이 시작되었는데도 무관심했었습니다. 갑자기 회개와 통회가 소낙비처럼 그 자리에 앉아있는 사람들에게 쏟아져 내렸습니다. 다른 사람들 앞에선 결코 기도하지 않던 소녀들이 동시에 기도하기 시작했습니다. 우리의 죄로 인해 행하지 못한 모든 것에 대해 진정으로 통회하며 회개의 눈물을 흘렸습니다.

우리는 죄의 심각성에 대해 경각심을 갖고 기도하며 '성 무너진 데를 막아설 수 있는 그리스도인이 되기를'(겔 22:30) 다짐했습니다. 죄의 자각과 회개로부터 새로운 생명이 우리 안에서 솟아났습니다. 우리의 죄를 깨닫게 하신 주님은 빛 가운데 교제하는 시간에 서로 죄를 고백하고 용서하는 시간을 갖도록 허락해주셨습니다. 우리는 겸손한 마음으로 자신의 죄를 하나님께 고백하고 필요할 때면 다른 이에게 용서를 구했습니다.

회개와 부흥이 일어나면서 우리는 함께 공동체로 살기 원했습니다. 하나님의 도우심으로 공동체 생활이 시작되어 1947년 3월 30일에 기독교마리아자매회가 탄생했습니다. 우리의 영적 아버지인 리딩거 목사님이 우리 공동체의 이름으로 예수님 어머니의 이름을 딴 마리아자매회를 주셨습니다. 그 이름을 주신 이유는 예수님이 나실 때부터 골고다 십자가까지 함께 하신 어머니 마리아의 믿음의 길과 사랑의 헌신을 하라는 의미에서였습니다. 12년간의 오랜 기다림과 준비를 통해 기독교마리아자매회가 태어났습니다.

# 성전 건축,
## "네 자신을 온전히 내게 맡기라"

나는 1949년 5월 4일을 결코 잊지 못할 것입니다. 내 방에서 기도하고 있는데 하나님께서 '주님이 영광 받으실 예배당을 지어 주님께 경배 드리라'는 내적 확신을 주셨습니다. 나는 즉각적으로 응답했습니다. "예, 주께서 뜨겁게 찬양과 사랑을 받으실 자리, 보이는 세계와 보이지 않는 세계에 하나님의 위대함이 선포되며 찬양이 드려질 곳을 마련하기 위해 모든 가능한 일을 하겠습니다." 하지만 우리에겐 돈도 땅도 없었습니다. 이 문제를 가지고 주님 앞에 간절히 기도하자 선하신 하늘 아버지는 이 사명을 감당하도록 말씀으로 우리에게 힘을 주셨습니다.

"그런즉 이제 너는 삼갈지어다 여호와께서 너를 택하여 성전의 건물을 건축하게 하셨으니 힘써 행할지니라 하니라"(대상 28:10)

"내가 그들 중에 거할 성소를 그들을 시켜 나를 위하여 짓되"(출 25:8)

이후 많은 난관에 부딪혔습니다. 사람들은 병원이나 양로원을 짓고 그곳에서 일할 자매들을 보내주길 원했지 하나님께 경배와 찬양을 드릴 필요성이나 하나님의 말씀이 선포되고 영적인 상담을 할 필요성을 거의 이해하지 못했습니다. 영적인 아버지 리딩거 목사님이 1949년에 소천 받으셨기에 모든 일의 궁극적인 책임은 내게 있었습니다.

하나님은 종종 우리를 시련의 어두운 길로 인도하셔서 사람으로부터 오는 도움이 아니라 오직 하나님의 도움만을 바라보게 하셨습니다. 하나님의 도움을 기다리는 동안 우리를 겸손케 하셨고 오직 하나님 자신만이 영광 받도록 인도하셨습니다. 예배당 건축 공사는 거의 우리 자매들에 의해 진행되었습니다. 우리는 건축 현장 옆에 수시로 들어가 기도할 수 있는 기도 천막을 세웠습니다.

하나님의 침묵을 통해 주님의 형상과 영광을 드러내지 못하는 나 자신과 자매회의 모든 것을 정화시키기 원하시는 하나님의 사랑을 깨달았습니다. 내 영혼 깊숙한 곳에 있는 죄까지도 깨닫게 하시고 연단하셔서 나로 하여금 '깨어진 영혼'과 '회개하는 심령'이 되게 하셨습니다. 나는 영적인 딸들에게 교만 혹은 가혹했거나, 또는 사역할 때 사랑과 겸손으로 그들을 대하지 못했던 나의 태도에 대해 회개했습니다. 철저히 나 자신을 낮추었습니다.

예배당을 건축하기 전에 주님은 먼저 우리 마음을 정결케 하셨고 재정의 위기에 놀라운 방법으로 역사하셨습니다. 그 결과, 예배당은 아무 빚도 지지 않고 오직 하나님의 놀라우신 방법으로 완공되었습니다. 하나님 심판의 시간은 거룩하고 은혜로운 시간으로 전환 되었습니다. 주 예수 그리스도의 용서와 함께 새로운 생명이 우리 자매회에 흘러넘쳤습니다. 1951년 9월, 우리는 새로 지은 마더 하우스로 옮겨 공동체 생활을 하면서 자매회의 주된 사역인 기도와 선포의 사역에 전념하게 되었습니다.

# 나의 날갯짓을 멈추고
# 주님의 바람을 타고 가다

　하지만 이 사역의 기초를 다지기 위해 주님은 나의 상상력을 뛰어넘는 계획을 갖고 계셨습니다. 예수님과 깊이 교제하며 시간을 온전히 주님께 드려 그분만을 섬기도록 나를 부르셨습니다. 예수님이 "네 자신을 온전히 내게 맡기라"고 간청하시는 것 같았습니다. 그동안 저는 주님 자신보다는 주님의 사역에 온통 주의를 기울여 왔었는데 그 이후 저는 오직 하나님께로만 초점을 맞추는 삶을 살게 되었습니다. 사역은 더 이상 우선순위를 가지지 않았고 단지 기도의 결실일 뿐이었습니다. 저는 성령의 인도하심으로 단호한 결심을 했습니다. "더 이상 내 관심을 끌었던 세상 것들과 사람들에게 우선순위를 두지 않으리라." 온종일 이리저리 움직이는 번잡한 하루는 지극히 위험한 것이 사실입니다. 바쁜 일과는 내 정신을 온통 빼앗아서 예수 그리스도의 존재마저 잊게 만드는 위험을 초래한다는 것을 깨달았습니다. 성령으로 주님 안에 변함없이 거하게 해달라고 간구했습니다. 그분과의 소통이 단절되는 것이야말로 두려운 일입니다. 매 순간 그분과 동행하고 싶었습니다.

　일상의 업무가 내 관심을 온통 사로잡는 일들을 의식적으로 경계했습니다. 난 가급적 빨리 많은 양의 일을 처리하기 위해 매일 아침 그날 해야 할 일들의 목록을 적어 놓곤 했었습니다. 그리고 그날에 계획한 일을 마치기 위해 모든 정력을 완전히 일에 쏟았습니다. 그러나 이후로 나는 이런 방법을 버리고 내 생활을 재정비했습니다. 아침마다 그날 해야 할 일들을 모두 하나님께 기도로 맡기면서 그 목록을 치워 놓았습니다. 내가 계획한 모든 것을 완수하려고 궁리하는 대신 성령께서 사소한 것까지 인도해 달라고 기도했습니다. 매일 성령의 인도하심을 체험할 수 있었습니다. 주님이 내 안에 거하실 때 모든 것이 원활하게 진행됩니다. 해야 할 일의 리스트는 버렸지만 마감일을 넘긴 적이 없었습니다. 나의 날갯짓이 아니라 주님의 바람을 타고 갔기에 순조로웠습니다.

나는 기독교마리아자매회가 설립되기 전에는 말씀 강연을 마친 후 종종 내가 전한 말씀의 원고를 달라는 요청을 받으면 "제 설교를 적어놓은 것은 하나도 없습니다. 제게는 글 쓰는 은사가 없답니다"라고 대답했습니다. 그러다 1952년 겨울, 하나님과 깊은 교제 가운데로 들어갔을 때 처음으로 글을 쓰기 시작했습니다. 글 쓰는 일에 흥미를 느껴본 일도 없고 전혀 문학적인 소질이 없었던 나로서는 성령께서 나를 감동시키시는 대로 쓸 수밖에 없었습니다. 성령님의 감동이 워낙 강렬해서 이전에 갖고 있던 '글 쓰는 일'에 대한 부정적인 생각과 개념이 사라져버렸습니다. 내 마음과 영혼이 성령께 순종하며 열정에 사로잡혀 몇 시간이고 쉬지 않고 글을 쓰곤 했습니다. 비록 내게 글을 쓰도록 영감을 주시는 분은 성령님이셨지만 그럴지라도 내 자유의지 없이 자동으로 이루어지는 것은 아니었습니다. 나는 써야 할 모든 것을 영적으로 겪고 실생활에서 체험해야 했습니다. 그럴 때에야 내 간증이 진실한 것이 되기 때문입니다. 예수님을 하나님의 어린양으로, 다시 오실 왕과 신랑으로 바라보면서 책과 노래로 다른 이들에게 예수님의 형상을 그려 보일 수 있는 특권이 내게 주어졌습니다.

'이제 쓸 만큼 썼다'며 나 스스로를 설득하면서 마음속으로 저항한 적도 있었습니다, 나는 많은 책을 쓴 것에 스스로 당황하기도 했으며 책 내용과 관련, 사방에서 비난의 소리도 들려왔습니다. 내적인 갈등 속에서도 글쓰기 사역에 순종할 수 있었던 것은 그 일이 하나님의 뜻이며 하나님이 주신 사명이라는 점을 기억했기 때문입니다. 하나님이 이 사역에 영감을 주셨다면 그것을 따르는 것이 옳다고 여겼습니다. 실제로 내가 글을 쓸 수 있었던 것은 전적으로 하나님의 은혜였습니다.

나는 성부와 성자, 성령님을 증거하며 하나님의 성품을 여러 면에서 묘사하는 것이 얼마나 놀라운 일인가를 깨닫게 되었습니다. 하나님의 거룩하심과 심판을 묘사하는 것도 특권이었지만 하나님의 구속하시는 능력과 풍성하신 인자하심, 사랑과 자비를 증거 하는 것은 더더욱 놀라운 일이었습니다. 무엇보다도 사람들을 예수님을 사랑하도록 부르고, 주의 재림을 예비하도록 일깨우는 일은 실로 최고의 특권이었습니다.

그러나 이 사명으로 인해 믿음 안에서 인내와 순종의 시험을 치러야 했습니다. 비방과 중상으로 인해 극소수의 서점 외에는 내 책들을 받으려 하지 않았습니다. 대적(大敵)은 얼마나 자주 책을 쓰는 것은 쓸데없는 일이라고 내게 느끼게 했는지 이루 말로 다 할 수 없습니다. 외적으로 무의미해 보이는 이 사역을 포기하지 않고 계속할 수 있었던 것은 성령님의 도우심 때문이었습니다.

"나 여호와가 말하노라 너희를 향한 나의 생각은 내가 아나니 재앙이 아니라 곧 평안이요 너희 장래에 소망을 주려는 생각이라"(렘 29:11)

참으로 힘든 때, 하나님은 이 말씀을 주셨고, 당신의 말씀에 신실하셨습니다. 하나님의 때가 왔을 때, 서점들이 기적과 같이 열려 내 책이 전파될 수 있게 되었습니다.

주님이 깊은 교제 가운데로 인도하셨을 당시 나는 주님이 무엇을 염두에 두고 계신지 알지 못했습니다. 그런데 하나님과의 깊은 교제와 기도의 시간들이야말로 수많은 저술을 할 수 있는 영감의 근원이 되었습니다. 나의 책들을 읽은 많은 이들이 통회와 회개를 통해 예수님을 향한 첫사랑을 다시 발견하고 십자가의 훈련에 자신을 맡기게 되거나, 하나님이 주신 계명의 존엄성을 새롭게 깨닫게 되었다는 것을 나중에야 알게 되었습니다. 그 책들을 읽고서 많은 그리스도인들은 토론을 통해서가 아니라 홀로 하나님의 임재를 직접 경험함으로써 복음의 길을 걸어 나갈 수 있다는 사실을 알았다고 토로했습니다.

## 예수님의 마음에 더 가까이

섭리 속에서 이뤄지는 하나님과의 만남은 내 영적인 삶에 수많은 전환점을 가져왔습니다. 모세는 광야를 통과한 후 시내산에서 하나님을 만날 수 있었습니다. 예수님이 우리에게 원하시는 사랑의 증거는 다름 아닌 '거룩한 희생'입니다. 예수님은 우리 삶 가운데 이뤄지는 사랑의 희생을 기대하십니다. 주님은 그 같은 사랑의 희생을 우리 사랑의 증거이자 실제적 표시로 높이 평가하시고 고맙게 여기며 보상해 주십니다.

"예수께서 이르시되 내가 진실로 너희에게 이르노니 나와 복음을 위하여 집이나 형제나 자매나 어머니나 아버지나 자식이나 전토를 버린 자는 현세에 있어 집과 형제와 자매와 어머

니와 자식과 전토를 백배나 받되 박해를 겸하여 받고 내세에 영생을 받지 못할 자가 없느니라"(막 10:29~30)

이제까지 나의 사랑의 증거가 얼마나 작았으며 주 예수님께 얼마나 적은 희생을 드렸는지요! 예수님은 나 자신은 물론 나의 모든 것을 자신께 드릴 것을 요청하셨습니다. 예수님의 마음에 가까이 다가가는 것보다 더 소중한 체험이 있을까요!

주님은 우리의 죄로 인해 상처를 입으시기도 하시지만 본질적으로 무한히 자비롭습니다. 바로 그 상처로부터 구원과 용서, 사랑이 흘러나옵니다. 누가 주님의 마음을 측량할 수 있을까요?

예수님의 사랑은 "나를 사랑하는 자들이 나의 사랑을 입으며 나를 간절히 찾는 자가 나를 만날 것이니라"(잠 8:17)는 말씀과 같이 한없이 친절하고 부드럽습니다. 내가 기도할 때, 방은 영원으로부터 오는 완전한 고요로 가득했고 하나님의 임재와 거룩함, 사랑이 거의 손에 잡힐 듯했습니다. 하나님이 죄인에게 다가오셔서 몸을 기울이실 때의 그 입김을 느끼는 듯했습니다. 고요함 중에 주님만 바라볼 때 예수님이 우리 안에 거하시겠다고 하신 약속, 주님의 내재하심의 축복을 받았습니다. 우리가 그분의 말씀을 지키고 그분의 뜻을 따르면 주님은 우리 안에 거하십니다. 하나님의 뜻을 제대로 분별하려면 먼저 자신과 자신의 의지적 뜻으로 삶을 지배하겠다는 욕망을 포기해야 합니다. 그러면 하나님은 우리를 인도하시고 예수님이 약속하신 대로 우리 안에 거하실 것입니다. 우리 삶 속에 실제로 주님이 거하시면 그분은 우리를 인도하시고 우리의 모든 결정과 상황을 돌보아 주십니다. 그러므로 예수님으로부터 우리의 마음이 멀어지지 않도록 주의를 게을리하지 않는 것은 매우 중요합니다.

하나님의 평안은 흐르는 시냇물 같이 다가왔고 그 사랑은 베일처럼 부드럽게 나를 감쌌습니다. 그러자 내 깊은 마음으로부터 그분을 향한 사랑의 불꽃이 열렬히 타오르기 시작했습니다. 인격 자체이신 예수님은 그분을 기다리고 있는 사람들에게 왕으로, 신랑으로 오늘도 다가오시며 내일도 가까이 다가오실 것입니다. 예수님은 그분을 사랑하는 이들의 마음을 위로하고 영혼을 회복시켜 주십니다. 그분은 하나님의 사랑을 우리들의 마음에 부어주십니다. 날마다 온전한 순종의 기도와 침묵 가운데 그분의 사랑을 깊이 묵상할 때 나에게 성령이 임했습니다. 그럼으로써 나는 자연스레 하나님의 특별한 사명을 수행하는 통로가 될 수 있었습니다.

이 기간 중에 주님은 저에게 당신의 고난에 참여하도록 인도하셨습니다.

"내가 그리스도와 그 부활의 권능과 그 고난에 참여함을 알고자 하여 그의 죽으심을 본받아 어떻게 해서든지 죽은 자 가운데서 부활에 이르려 하노니"(빌 3:10~11)

하나님이 은총 가운데 주의 고난에 참여하도록 우리를 인도하셨다면 그 결과로 우리는 주님에 대한 겸손한 헌신과 타오르는 열정을 갖게 될 것입니다.


## 가나안의 비전을 품다

1955년 5월 4일은 기독교마리아자매회의 역사에 새로운 장이 열린 날입니다. 그날 아침 시간에 하나님께서 내게 미래의 가나안 땅에 대한 사명과 비전을 보여주셨습니다. 그 사명이 얼마나 크고 놀라운지 파악조차 힘들었습니다. 그때 나는 병중에 있었습니다. 마더 마튜리아(에리카 마다우스)가 아침 식사를 가져왔는데, 나는 그에게 하나님께서 보여주신 사역과 미래의 가나안 땅의 그림을 그려 보였습니다. 마더 마튜리아는 너무 놀란 나머지 가져온 식사 쟁반을 거의 떨어뜨릴 뻔했습니다. 5월 4일 그 아침은 하나님의 은혜가 임한 하나님의 시간, 즉 카이로스였습니다.

혼자서 그 일을 추진할 능력이 없던 나에게 하나님은 새롭고 원대한 사명을 주셨을 뿐 아니라 그 일을 해낼 믿음과 헌신의 마음을 지니도록 인도해주셨습니다. 여러 해 동안 나는 하나님께 대해 어린아이가 아버지에게 느끼는 사랑을 지니고 있었는데 이번에는 나의 사랑이 더욱 깊어지고 강렬해져 친근한 부녀간의 사랑을 느끼게 되었습니다. 성령을 통해 하나님은 자신을 계시해 주셔서 내가 온전히 자신만 바라보게 하셨습니다. 그럼으로써 나는 공동체 자매들에게 우리의 집들과 정원, 거주지와 사역의 전개 장소가 될 가나안에 대한 하나님의 계획과 목적을 그림처럼 분명하게 그려 보일 수 있었습니다. 다음은 자매들에게 설명한 가나안에 대한 하나님의 약속의 그림들입니다.

* 성경의 가나안은 약속의 땅, 하나님의 기적의 땅입니다. 우리는 하나님의 약속을 믿을 때에만 가나안 땅을 얻을 수 있습니다.

* 성경의 가나안은 기쁨이 넘치는 축제의 땅이요, 찬양이 울려

퍼지는 땅입니다.

"그들이 와서 시온의 높은 곳에서 찬송하며… 그 때에 처녀는 춤추며 즐거워하겠고 청년과 노인은 함께 즐거워하리니 내가 그들의 슬픔을 돌려서 즐겁게 하며 그들을 위로하여 그들의 근심으로부터 기쁨을 얻게 할 것임이라"(렘 31:12~13)

이 작은 땅에서 은혜의 찬양이 울려 퍼지고 풍성한 기쁨이 넘칠 때 하나님 아버지께서 얼마나 기뻐하실까요?

* 성경의 가나안이 전 세계 백성을 위한 축복의 중심지가 된 것과 같이 이곳 다름슈타트의 가나안도 예수님을 사랑하는 전 세계 사람들에게 영적 오아시스가 될 것입니다.

* 성경의 가나안은 성지로 여호와 하나님이 돌보시는 땅입니다. 가나안에서는 무슨 죄든 하나님의 빛 가운데 드러나고, 어린양의 피로 죄 씻음 받으며, 하나님만이 우리의 보호자 되십니다.

* 가나안은 예수님의 고난과 부활, 승천이 일어난 곳으로 거기에서 사람들은 예수님의 고난에 참예하는 법을 배우게 됩니다. 승리의 깃발이 휘날리며 승리의 노래가 울려 퍼질 것입니다.


가나안을 주시겠다는 약속에서 성취에 이르기까지 11년이란 긴 세월이 걸렸습니다. 독일 헤센주와 22명의 소유주가 있는 땅을 얻게 되는데 많은 어려움이 있었습니다. 시련의 시간이었지만 역경 가운데 기도를 통해 받은 성경 말씀은 큰 위로가 되었습니다. 우리는 이 말씀이 담긴 기념비를 가나안에 세웠습니다. 돌아보면 지난날, 그토록 어려울 때 믿음을 지킬 수 있었던 것은 크나큰 기적이었습니다. 고통의 순간을 잘 지나도록 해 주신 분은 물론 하나님이셨습니다. 우리는 인생에서 가장 어두운 순간에도 하나님의 사랑을 신뢰하며 고백해야 합니다. "하나님 아버지, 저는 당신을 이해할 수 없지만 당신의 사랑을 신뢰합니다."

우리는 '모리아의 경험'들을 통과하며 하나님은 언제나 '예와 아멘'이신 것을 경험했습니다. 그것이 가나안을 일궈나가며 우리가 경험한 최고의 선물이었습니다.


다름슈타트에 약속의 땅인 가나안을 세운 목적은 이 작은 땅에서 하나님이 영광과 사랑을 받으시며 천국의 예시적 그림자를 발하도록 하기 위함입니다. 주님이 우리에게 모든 역경과 수모를 겪게 하신 이유는 우리를 겸손케 하시며 인간이 아닌 오직 하나님께만 영광 돌리도록 하기 위해서였습니다. 이제 가나안이 우리에게 주어졌습니다. 그런데 가나안은 모래땅이어서 물이 너무나 절실히 필요했습니다. 이를 위해 기도했을 때 주님은 우리에게 "그러므로 너희가 기쁨으로 구원의 우물들에서 물을 길으리로다"(사 12:3)는 말씀을 주셨습니다. 샘을 파는 전문가들에게 가나안에서 물을 찾게 했지만 그들은 처음에 가나안 땅 밑에는 물이 없다고 했습니다. 그러나 우리는 말씀에 의지해 믿음의 기도를 계속 드렸습니다. 물이 아직 나오지 않은 가운데 믿음으로 연못 바닥을 깔았습니다. 수년 동안 온갖 수모와 믿음의 시련, 영적 싸움을 겪었지만 마침내 샘에서 물이 솟아나는 기적이 일어났습니다. 하나님이셨습니다! 그분이 약속의 말씀대로 하셨습니다. 우리의 샘에서 나오는 물은 주변의 다른 수원지에 비해 25배나 되는 엄청난 양이었습니다. 수도 관계자도 "정말 기적이 이곳에서 일어났다"고

감탄했습니다. '아버지의 선하신 샘'에서 끊임없이 흐르는 물을 바라보면 나는 언제나 자비롭고 사랑 넘치는 하나님 아버지의 마음을 느끼게 됩니다.

우리 자매회는 1961년 이스라엘에 '벤 아브라함'이라는 지부를 하나님의 은혜로 세울 수 있었습니다. 1963년 시내산에 머무는 동안 내 인생의 새로운 장이 열렸습니다. 당시 주님은 내 마음과 믿음의 지평을 넓히셨습니다. 하나님의 계명을 무시하고 하나님을 버리며 떠나는 현실의 불신세대들에게 하나님 사랑의 생명줄을 던지라는 사명을 주셨습니다. 그리고 후에 세계 여러 나라에 지부를 세우도록 인도하셨습니다.

당시에 주님은 또한 찬양 사역의 중요성을 일깨우셨습니다. 마지막 때가 다가올수록 창조주 하나님께 합당한 감사와 경배, 찬양을 드리면 우리에게 드리워진 영적 황폐함이 사라지고 깊은 은혜를 경험하게 됩니다. 핵무장 시대에서 우리는 인간의 손으로 하나님의 창조를 전례 없이 황폐케 하며 파괴할 수 있는 세대에 살고 있습니다. 마지막 때를 향해 가는 이 시대에서 주님은 창조주 하나님께 합당한 감사와 경배, 찬양을 드릴 자를 찾고 계시며 부르십니다.

"하나님을 두려워하며 그에게 영광을 돌리라 이는 그의 심판의 시간이 이르렀음이니 하늘과 땅과 바다와 물들의 근원을 만드신 이를 경배하라 하더라"(계 14:7)

"아버지께 참되게 예배하는 자들은 영과 진리로 예배할 때가 오나니 곧 이 때라 아버지께서는 자기에게 이렇게 예배하는 자들을 찾으시느니라"(요 4:23)

# 알프스 산에 찬양판을 세우다

예수님이 하나님을 영화롭게 하시고자 하는 소망과 기도는 (요 12:28) 가장 감동적인 성경 구절 중 하나입니다. 우리의 삶이 아무리 보잘것없어도 "하나님께 영광 드리게 하소서!"는 우리의 소원이 될 수 있습니다. 사실 하나님께 영광 드리는 삶은 가장 고귀한 삶입니다. 우리의 여러 사역은 이 한 목표를 이루기 위해 전개되었습니다. 하나님께 사랑과 영광이 돌려지는 것이야말로 우리의 존재 목적입니다.

찬양 판을 세우게 된 것도 전적으로 하나님을 향한 사랑 때문이었습니다. 나는 스위스에서 휴가를 보낼 때, 아름다운 알프스의 초원과 호수, 눈 덮인 산들을 바라보며 우리를 사랑하셔서 이토록 아름다운 영화로운 자연을 창조하신 하나님 아버지께 깊은 사랑과 감사를 드리고 싶었습니다. 그것은 하나님이 주신 새로운 영감으로 무엇보다 그분의 영광을 찬송하는 예배당과 찬양판을 세우고 싶었습니다. 하지만 다음 단계가 무엇인지를 알지 못했습니다. 그러나 위독했던 병에서 회복된 후, 하나님을 영화롭게 하고자 하는 열망이 내 속에서 다시 강한 불꽃처럼 타올랐습니다. 비용이 아무리 많이 들더라도 사람들의 마음에 하나님께 영광 드리고자 하는 소원을 넣어주고 싶었습니다.

우리는 찬양 판에 성경 구절과 찬송가 가사를 새겨 아름다운 명소에 비치, 그곳을 찾는 사람들이 하나님을 찬양하도록 하는 방법을 찾았습니다. 어느 해 여름날, 우리는 찬양 여행을 떠났습니다. 우리가 탄 차는 마치 달리는 찬양 예배당과 같았습니다. 찬양 노래를 허락하셨던 지역과 장소들을 방문해 창조주의 영광을 드러내면서 감사의 표시로 찬양 판을 붙이려 했습니다.

하지만 다른 사역과 마찬가지로 이 사역에도 대단히 극복하기 힘든 장애물들이 놓여 있음을 발견했습니다. 대개 하나님께 크게 영광 돌릴 일들을 진행하다 보면 우리 능력의 한계에 도달하게 됩니다. 그 한계의 순간에 하나님은 자신의 영광을 드러내시며 최고의 방법을 보여주십니다. 그러기에 그런 어려움은 오히려 당연하다고 할 수 있습니다. 그러나 너무도 많은 실제적인 어려움들이 계속 일어났기 때문에, 이 찬양 사역은 움트기도 전에 싹둑 잘리는 듯했습니다.

아름다운 경관이 펼쳐진 땅은 거의 개인 소유가 아닌 자연 보호 구역이었습니다. 사람들은 찬양 판을 설치하기 위해 관계기관에 요청하는 것은 쓸데없는 일이라고 말했습니다. 우여곡절 끝에 극적으로 한 유명 관광센터로부터 찬양 판 설치 허락을 받았습니다. 하지만 그곳 주민들 사이에 극심한 반대 운동이 일어났습니다. 그들은 심지어 우리 차바퀴의 바람을 빼기도 했습니다. 인간적으로 찬양 판 설치는 불가능해 보였습니다. 그러나 믿음은 쇠창살과 바위 덩어리까지 부숩니다. 하나님을 위한 일이라면 더욱 그러합니다. 왜냐하면 하나님께는 불가능이 없기 때문입니다. 주 예수님의 가장 큰 소원은 하나님 아버지께서 영광 받으시고 인간들이 구원을 받는 것입니다. 그러기에 인간의 눈에는 불가능하더라도 그분이 개입하시면 모든 것이 달라집니다. 반대에 부닥치면서 우리 믿음은 점점 높아졌습니다. 주변 사정이 매우 안 좋았기 때문에 그 믿음의 목표에 대한 부담도 그만큼 커졌습니다. 우리는 믿음으로 하나님이 해주실 일들에 대해 미리 감사를 드렸습니다.

우리의 목표는 아름다운 스위스 산정 40여 군데에 찬양 판을 세우는 것이었습니다. 그러나 반대와 소동을 겪으며 우리는 믿음의 목표가 너무나 작았다는 것을 깨달았습니다. 하나님의 뜻을 깨닫자 너무나 부끄러웠습니다. 결국 2~3년 사이에 알프스 산에 100개 이상의 찬양 판이 세워졌습니다. 지금은 스위스 전역에 200여 개의 찬양 판이 설치되어 그곳을 찾는 사람들에게 하나님을 찬양하도록 하고 있습니다.

우리는 오스트리아 국경 근처의 로스펠드 산까지 가게 되었습니다. 그 산 맞은편에 하나님을 미워하며 온갖 악을 행한 히틀러 소유의 별장이 있었습니다. 그곳에서 행해진 신성모독의 죄들을 생각하자 그런 곳일수록 창조주 하나님께 영광 드리는 기념비가 세워져야 한다는 마음이 강렬하게 일어났습니다. 기쁘게도 얼마 후 찬양판과 기념비를 로스펠드 산에 세울 수 있었습니다. "모든 세대를 초월하는 하나님 말씀에 산들이 흔들리고 녹아내리며 온갖 높은 산들이 주께 영광을 돌리니, 주님만이 홀로 영원히 영광 받으소서."

1962년과 1963년에는 온갖 어려움과 불가능해 보이는 상황을 통과하며 스위스 애쉬와 그리스알프에 작은 찬양 예배당을 세웠습니다. 그 예배당은 지금도 그곳을 지나는 사람들이 아름다운 자연 속에서 창조주 하나님께 찬양과 경배를 드리는 처소로서 귀히 사용됩니다. 하나님을 증거 하는 표지들이 세워지는 곳, 그리고 신령과 진정으로 하나님을 경배하고 주께 영광 돌리는 곳 어디서나 사탄의 온갖 노력은 저지당할 것입니다.

# '하늘의 수학'을 신뢰하다

이제 주님을 따르는 실제의 삶이 담긴 간증을 나누고 싶습니다. 처음에는 가족들은 하나님께 순종하며 따라가는 그 길을 잘 이해하지 못했습니다. 그래서 많은 어려움이 따랐습니다. 하나님이 내게 요구하신 '믿음의 길'은 '하늘의 수학'에 가까운 것이었습니다. 아버지는 수학 교수셨지만 하늘의 수학과는 거리가 멀었습니다. 아버지는 모든 일이 사전에 분명한 예상 목표치와 재정 계획이 세워진 상태에서 진행돼야 했습니다. 부모님은 계속되는 나의 '믿음의 모험'에 놀라셨고 결과적으로 가족의 명예가 실추될 위험성을 느끼셨습니다. 내가 대화 가운데 가나안 땅을 구입하라는 하나님의 사명을 받았다고 말씀드렸을 때, 경악하시던 아버지의 모습을 잊을 수가 없습니다.

가나안이 형성되는 동안 하나님께서 보여 주신 신실하심에 감사드립니다! 부모님은 이 가나안 사역이 실현되는 것을 보시면서 그 사명이 정말 하나님이 주신 것임을 확신하게 되셨습니다. 가나안과 자매회에서 하나님이 행하시는 기적의 이야기들을 들으시면서 아버지의 놀라움은 더욱 커져 갔습니다. 함께 기도할 때면 아버지의 기도는 하나님께 대한 감사로 넘쳤습니다. 우리가 믿음의 길을 가는 그 여러 해 동안 하나님께서 우리의 기도를 응답하신 것을 본 후로 아버지는 '세상의 수학'이 아니라 '하늘의 수학'을 더욱 신뢰하게 되었습니다. 또 다른 기도가 응답되고 하나님의 기적이 일어날 때마다 아버지는 만면에 희색을 띠고 기뻐하셨습니다. 이것은 고난과 역경 가운데 하나님이 이루신 놀라운 기적의 한 예입니다. 우리에게는 이와 같은 간증거리들이 무수하게 많이 있습니다.

## 예수님을 어디에서 발견할 수 있는가?

다름슈타트의 가나안에는 기도의 정원(예수님 고난의 정원)이 있습니다. 이곳은 기도 가운데 예수님을 발견하며 주님과 연합하도록 돕는 장소로, 예수님의 고난과 부활이 묘사된 조형물들이 있습니다. 예수님을 어디서 발견할 수 있을까요? 예수 그리스도는 어제도 오늘도 그리고 영원히 동일하십니다. 부활하신 그분은 오늘도 살아 계셔서 우리를 위해 하나님 우편에서 중보하십니다. 가나안의 기도의 정원은 예수님의 고난과 부활을 체험하는 장소로서 거기에 있다 보면 예수님을 향한 사랑을 느끼며 그분과의 연합이 깊어질 것입니다. 그분이 우리를 얼마나 사랑하시며 보살피고 계시는지, 얼마나 우리를 묶고 있는 죄의 사슬을 풀어주시기 원하시는지를 경험할 것입니다.

예수님을 어디서 발견할 수 있을까요? 우리가 합당한 비판을 기꺼이 받아들이는 작은 곳에서부터 그분을 발견할 수 있습니다. 어떤 큰일이 아니라도 날마다의 삶에서 다른 이들이 내게 지적해주는 부실과 허물을 통해서 예수님을 뵐 수 있습니다. 합당한 비판과 지적을 거부할 때마다 우리는 '영혼의 신랑'을 잃게 됩니다. 순결하신 예수님이 부당한 고소자들 앞에 침묵하셨습니다. 순결한 예수님이 그럴진대 하물며 죄인 된 우리 인간들이야 비판 앞에서(그것이 정당하건, 부당하건) 침묵해야 함이 마땅하지 않겠습니까? 우리가 교만해서 정당한 비방마저 받아들이지 않는다면 예수님과 사랑의 관계는 결렬되며 교만과 반항으로 넘어진 사탄과 손을 잡게 됩니다.

아픔과 상처, 나약함과 육신의 질병이 만연한 고난의 자리에서 십자가를 지며 예수님과 연합할 때 우리 삶에 주님의 사랑이 빛을 발하기 시작합니다. 십자가를 지고 가는 길에서 예수님을 발견합니다. 여러 짐들이 우리를 거의 바닥으로 내리누르고 새 짐들이 계속 올려지는 절망의 때에 주님은 우리 곁에 계시며 우리와 연합하길 바라십니다. 그분과 함께 멍에를 지면, 우리는 그분이 지닌 모든 것-사랑과 도움, 위로와 섬세하고 깊은 이해, 동정과 원기 회복, 천상의 기쁨과 축복-을 얻게 됩니다.


## 주님과 함께 수치의 길을 사랑으로 걷다

우리의 생애에서 예수님이 고난의 특정 단계를 우리와 함께 나누고자 부르실 때가 있습니다. 그럼에도 우리의 고난은 그분의 것에 비하며 작은 것에 불과합니다. 아니, 죄인인 우리가 어느 정도의 고난을 받는 것은 마땅합니다. 우리가 주님과 동행하면 평화가 우리 마음 안에 깃들고, 예수님이 감당하신 고난에서 솟아나는 승리와 영광을 나누게 될 것입니다. 사람들이 주님께 가시면류관을 씌우고 조롱하는 그때에도 주님의 진정한 사랑의 왕국의 기초는 놓이고 있었습니다. 오늘날에도 멸시당하고 가시면류관을 쓰는 사람들이 예수님이 걸으신 그 길을 따를 때, 하나님의 나라와 사랑의 왕국은 이루어집니다. 그때, 우리는 그분의 성품을 충만히 알게 되며 고난 중에서도 주님이 주시는 기쁨을 맛보며 주 안에서 풍요로운 삶을 누리게 될 것입니다. 하지만 그분이 발견될 만한 곳에서 그분을 찾을 때에만 그 기쁘고 풍요로운 삶이 당신의 것이 될 것입니다.

당신은 매우 깊이 상처를 받았을 때, 그 고통을 어떻게 견딥니까? 하나님께서 나에게 한 가지 방법을 보여주셨습니다. 이 모든 것이 궁극적으로 사람들이 아닌 하나님께로부터 온 것임을 깨닫는 것입니다. 나는 상처로 고통을 당할 때마다 "아, 주님이시군요!"라는 고백을 하게 되었고 그것이 믿는 자들의 특권임을 알게 되었습니다. 주님께서 하시는 모든 일은 사랑의 마음에서 비롯된 영원하며 지혜롭고 애정 어린 계획에 따른 것입니다. 이 고통에는 보화가 들어 있으며 우리로 하여금 예수님을 더욱 닮아가게 하기 위한 것입니다. 이것을 믿을 때 우리 마음속에 평화와 평온이 깃들게 됩니다. 그래서 나는 날마다 이렇게 고백했습니다. "하나님 아버지, 이것이 당신의 손에서 오는 것이니 받아들이겠습니다."

우리 주 예수 그리스도는 수치와 굴욕, 중상모략, 거짓 비난을 당하시고 마침내 죄인으로 십자가에 못 박히셨습니다. 순결하고 거룩하신 분이 말입니다. 그분은 그 길을 기꺼이 가셨습니다. 그분의 제자이며 주께 속한 자로서 나는 진리이신 주님 편에 설 수 있는 특권을 지녔습니다. 그래서 부족하지만 어느 정도 주의 고난에 동참하는 경험을 할 수 있었습니다.

"너희가 그리스도의 이름으로 치욕을 당하면 복 있는 자로다. 영광의 영 곧 하나님의 영이 너희 위에 계심이라"(벧전 4:14)

아, 이 얼마나 귀중한 선물인가요!

또한 주님은 이 모욕의 길이 나를 정화시키려는 당신의 계획임을 보여 주셨습니다. 그분은 원수에게 자비로운 사랑을 베푸는 대신 자신의 권리를 주장하는 인간의 전형적인 성품으로부터 나를 해방시키기 원하셨습니다. 이 훈계의 길을 가는 동안 하나님의 자비로운 사랑이 내 삶에서 더욱 넘쳐나길 원하셨습니다. 그분은 놀랍고 거룩한 목적을 가지고 상처를 주는 사람들을 내 삶 가운데 허락하셨습니다. 이 상처에서 자비로운 사랑이 흘러나오도록 예수님은 친히 십자가에 달려 고통당하시고 끝내 우리를 구원하셨습니다.

우리의 상처로부터 쓴 뿌리의 진액이 아닌 사랑과 용서가 흘러나와야 하지만 나의 노력으로는 원수들을 향해 그런 사랑과 용서를 흘려보내는 것이 불가능합니다. 비록 한 마디 방어도 없이 모든 것을 조용히 견뎌냈더라도 나에게 잘못한 사람들을 떠올릴 때마다 여전히 나 자신을 정당화하려고 합니다. 그러나 십자가에서 흘리신 주님의 거룩한 보혈에는 우리를 자비로운 사람으로 변화시킬 수 있는 구원의 능력이 있습니다.

나는 날마다 새롭게 어린양의 보혈을 구했습니다. 예수님은 나의 기도를 들으셨고 시간이 지나면서 이전과는 비할 바 없이 자비로운 사랑을 부어주셨습니다. 예수님의 구원은 영원히 유효합니다. 우리는 사랑하기 위해 구원받았습니다. "원수를 사랑하라"는 예수님의 명령에 따라 살지 못했음을 겸손하게 인정하며 기꺼이 그들이 주는 고통을 감내하기로 결단할 때, 예수님의 구원은 우리 삶에 효력을 발휘합니다.

지난 시절을 돌이켜보니 내 인생에서 가장 많은 어려움을 가져다준 극심한 어둠의 순간에 하나님께선 사랑으로 순종하기를 원하셨습니다. 깊은 절망의 때마다 하나님의 사랑을 여전히 신뢰한다는 표시로 나는 종종 기도하는 장소에 조약돌로 '예, 아멘'이라는 글자를 만들어 놓기도 했습니다. 마음이 고뇌로 가득 차 있는 날에도 일기장에 "내 아버지시여, 나는 당신을 도무지 이해할 수 없지만 당신의 사랑을 신뢰합니다"라고 썼습니다. 나중에 이 구절은 어두운 깊은 밤에 영적으로 고통을 받는 사람들에게 용기를 주었습니다.

## 고통이 클수록 열매는 더욱 풍성하다

하나님 나라에서 통용되는 영적 원칙이 있습니다. 치러야 하는 고통이 크면 클수록 그 열매는 더욱 풍성하다는 것입니다. 하나님은 고통의 순간에도 우리가 당신과 하나로 연합하기를 바라십니다. 따라서 그분의 일하는 방식이 전혀 이해되지 않을 때도 믿고 따른다면 인생에서 가장 어두운 날이 가장 큰 축복의 날로 바뀌게 될 것입니다. 그것은 지난 후에 알게 됩니다. 나중에서야 내가 기대한 것과는 다르지만 하나님의 약속은 변함없이 실현된 것을 알게 됩니다. 1956~1959년 동안 가나안에 대한 약속이 이루어지지 않는 것처럼 보일 때 나는 또 다른 작은 모리아들을 경험했습니다. 우리 믿음의 사역이 거의 끝난 것처럼 보이고 모든 사명들이 수포로 돌아가는 것 같을 때 나는 이런 찬양을 했습니다.

"오 주여! 당신의 이름을 찬양하며 도저히 납득할 수 없을 때에도 주님은 영원히 '예와 아멘'이십니다."

하나님의 뜻을 찬양할 때 어려운 시기에도 견딜 수 있었습니다. 아브라함이 시험을 견디었을 때 하나님이 아브라함에게 주신 "…내가 이제야 네가 하나님을 경외하는 줄을 아노라"(창 22:12)는 말씀이 실감되었습니다. 하나님이 자신을 낮추시고 우리에게 오셔서 축복을 주시는 것이 얼마나 고마운지를 깨달았습니다.

누구든지 자신의 평생 삶에서 '역설적인 하나님의 섭리'를 경험해보지 못했다면 그 사람은 아직 하나님을 잘 모르는 것입니다. 시험을 통해 모순적인 하나님을 경험하며 견뎌내지 못한 사람은 그의 믿음을 아직 증명하지 못한 것입니다. 여러분의 일생동안 하나님이 모순적인 분으로 비친 경우가 있습니까? 그분이 하시는 일을 도무지 이해할 수 없고, 그분이 잘못된 길로 인도하시는 것처럼 보이며, 모든 희망은 산산이 부서진 것처럼 여겨지고, 믿음을 갖고 행한 일이 완전한 실망으로 끝난 것처럼 보인 적은 없습니까?

영원토록 천국의 향취를 맛보고자 하는 이라면 누구든지 자신의 죄로 인해 찾아오는 칠흑 같은 고통을 이 땅에서 잠시나마 경험합니다. 우리 주님은 십자가상에서 "나의 하나님, 나의 하나님 어찌하여 나를 버리시나이까?"라고 외치셨습니다. 죄인인 우리에겐 마땅한 것이지만, 그분은 죄가 없으면서도 그런 질고를 당하셨습니다. 예수님께 속해 있다면 우리는 결코 버림받지 않습니다. 그러나 이 세상을 사는 동안 누구나 영적인 어둔 밤을 경험합니다. 우리의 절망 중에도 예수님은 우리와 함께 하십니다! 그런 고난 중에 있을 때 우리는 어느 때보다 예수님 가까이 있게 됩니다. 인생길 걷는 가운데 경험하는 실망은 우리가 주님을 온전히 신뢰하는가, 그분께 우리의 의지를 온전히 맡겼는가를 가늠하는 척도가 됩니다. 그 실망의 때, 주님을 끝까지 사랑하고 믿으며 우리의 뜻과 의지를 그분께 드릴 수 있는지가 드러납니다.

만약 그렇게 한다면 우리는 사랑이신 하나님이 우리를 항상 어둠에서 빛으로 인도하신다는 사실을 발견하게 됩니다. 끝까지 신뢰하는 사람들에게 주님은 그런 혹독한 시련의 시간들을 커다란 보상으로 갚아주십니다.


## 내 은혜가 네게 족하도다

나는 자매회가 설립된 때부터 평생 '믿음의 길'을 가기로 결정했습니다. 예수님의 제자로서 하나님 아버지께 의존하는 삶을 살기로 결단한 것입니다. 이는 강요가 아닌 사랑의 마음으로 내 자유의지를 드려 결정한 길이었습니다. 나뿐 아니라 우리 자매회 모두는 "너희는 먼저 그의 나라와 그의 의를 구하라 그리하면 이 모든 것을 너희에게 더하시리라"(마 6:33)는 말씀을 믿음으로 붙잡았습니다. 그렇게 살고 싶은 강한 열망이 있었습니다.

나는 오랫동안 여러 질병으로 고통받았고 체력이 약해 매사에 힘들어했습니다. 자매회가 점점 커져가면서 내게 맡겨진 많은 임무를 감당해야 할 힘을 어디서 얻어야 할지 막막했습니다. 예수님은 이런 상황에 처한 나를 도우셔서 내가 약할 때 강한 힘을 허락하셨습니다. 고린도후서의 말씀은 내 마음을 감동시켰고 놀라운 방법으로 내 삶에서 실현되었습니다.

"나에게 이르시기를 내 은혜가 네게 족하도다. 이는 내 능력이 약한 데서 온전하여짐이라 하신지라. 그러므로 도리어 크게 기뻐함으로 나의 여러 약한 것들에 대하여 자랑하리니 이는 그리스도의 능력이 내게 머물게 하려 함이라"(고후 12:9)

이 구절을 묵상할 때마다 생각합니다.

'주님의 능력이 약함 안에서 완전해진다면, 내가 약함을 두려워해야 할 이유가 무엇이겠는가? 주님의 능력은 내 능력보다 훨씬 강하다. 이 얼마나 엄청난 약속인가?'

주님은 당신의 능력을 자녀 된 우리 안에서 발휘하기 원하십니다. 주님의 능력을 인정하고 받아들인다면 더 이상 나의 미약한 힘과 제한된 능력에 의존할 수 없습니다. 믿음으로 주님의 약속을 굳게 붙잡으면 이 세상에서 늘 승리의 삶을 살 수 있습니다. 왜냐하면 주님의 은혜가 내게 충분하기 때문입니다.

믿음의 길을 걸어가는 과정에서 무수한 어려움을 만나고 고통을 겪게 됩니다. 더 이상 견딜 수 없다고 느낄 때마다 주님의 약속을 붙잡으며 "예수님은 나의 힘이 되십니다! 주의 보혈에 능력이 있습니다"라고 고백하며 이 말을 신뢰했습니다. 그것이 나에게 큰 힘이 되었습니다. 이 말을 외칠 때마다 항상 주님이 주시는 새로운 힘을 얻었습니다. 그 힘을 통해 다시 일어나 믿음의 길을 걸을 수 있었습니다.

우리는 믿음의 길을 걸으며 하나님이 영광 받으실 무수한 보석들을 발견해 왔습니다. 집과 정원의 관리, 출판과 인쇄, 자동차와 각종 기계들을 위한 비용을 감당할 수 있었습니다. 세계 각지의 자매회 지부들도 동일한 믿음의 길을 걷고 있습니다. 매일 새롭게 하나님 아버지의 선하심을 경험하며 어떠한 어려운 상황 속에서도 하늘에 계신 우리 아버지만을 온전히 의존하며 사는 삶이 얼마나 행복한지는 오직 경험한 사람만이 알 수 있는 비밀입니다.

오늘, 삶이 힘들어 고통받으십니까? '이제 모든 것이 끝났다'고 생각하며 절망감에 빠져 있습니까? 그렇다면 "내 은혜가 네게 족하도다"는 주님의 음성에 귀 기울이십시오. 그리고 믿음으로 "예수님이 나의 힘입니다"라고 선포하십시오. 그 순간, 부활하신 주님에게서 흘러오는 생명으로 충만하게 될 것입니다.

'약속의 땅, 가나안'을 얻는 과정에서 배운 것은 믿음과 연단의 길은 마치 씨줄과 날줄처럼 서로 얽혀있다는 것입니다. 믿음 하나로는 충분치 않습니다. 하나님께서 우리를 연단의 길로 이끄실 때 기꺼이 그 시련을 받아들이고 순종해야 합니다. 성경은 믿음으로 예수 그리스도의 보혈을 통해 깨끗함을 입는다고 말하면서, 또한 징계를 통해 "그의 거룩하심에 참여하게 된다"(히 12:5~11)고 말합니다. 예수님의 승리를 믿고 주의 보혈을 찬양하면서도 아버지께 징계를 받아 '깨끗이 되기'를 거절한다면 큰 승리를 경험하지도, 많은 열매를 맺지도 못할 것입니다.

하나님의 사랑을 믿는다면 고난은 결코 마지막이 아닙니다. 사람들이 천국 노래를 부를 때엔 진정한 마음의 갈망이 우러나며 노래의 가사가 그들에게 현실로 다가오기를 기대합니다. 이러한 기도는 반드시 응답되어 천국의 기쁨이 우리 마음으로 흘러들어 옵니다. 고난과 정결케 하는 과정을 지났을 때, 하나님은 우리에게 이 땅에서도 한 조각의 천국을 체험하게 하십니다.

세상이 성난 파도처럼 점점 소란해지고 파도가 거칠어지며 허물과 죄가 만연할수록 하나님의 임재를 드러내는 작은 섬 같은 곳이 필요합니다. '하나님의 성소'인 작은 섬들이 회개의 기초 위에 세워지고 겸손과 통회하는 마음을 유지한다면, 어떤 사나운 파도도 이 성소들을 삼키지 못할 것입니다. 어둠의 세력들이 고통을 가하며 공격해 와도 예수님이 교회에 대해 "음부의 권세가 이기지 못하리라"(마 16:18)고 말씀하신 대로 이 성소를 무너뜨리지 못할 것입니다. 그곳에서 영혼들이 구세주 예수님께 가까이 나아오며 하나님의 사랑을 발견하게 됩니다. 물에 빠진 영혼들이 사랑의 생명줄을 잡아 영혼의 구원을 얻게 됩니다. 그리스도인들은 더욱 깊고 강한 믿음 안으로 들어가게 될 것입니다.

하나님의 나라를 드러내는 삶을 살도록 부름 받은 우리 해외지부들은 세계 지도상에 조그만 점에 불과해도 그 안에서 사랑의 불길이 타고 있는 한 곳곳에 영향을 미칠 것입니다. 각 나라에서 그 마음에 주의 나라가 임하는 소명을 받은 영혼들이 모일 것입니다. 그들은 날마다 회개를 통해 은혜와 영감을 받으며 하늘나라의 계명대로 살게 될 것입니다. 그들은 자아가 죽는 삶을 통해 사랑의 왕국인 하나님의 나라가 이 땅에 이뤄지는 것을 도울 것입니다. 모든 사람들이 사랑으로 하나 되게 돕는 것은 주님이 우리 자매회에 주신 사명입니다. 사랑은 고통과 수치, 굴욕의 가시덤불 속에서 피어나는 꽃입니다. 한 사람이 자신의 원수까지도 사랑할 수 있을 때, 그 사랑은 진정한 것이 됩니다.

# 밧모섬의 요한처럼

1975년 늦여름, 주님은 나를 밧모섬으로 인도하셨습니다. 하나님 사람들이 전 생애를 통해 하나님의 크신 일을 행한 곳을 밟는 것은 큰 축복입니다. 예수님이 친히 나타나셔서 하늘의 계시를 준 곳인 밧모섬의 동굴에 들어갔을 때, 오래전에 사도 요한에게 일어났던 일들이 내게 생생하게 다가오는 것 같았습니다. 당시 밧모섬으로 추방된 사도 요한은 패배감에 휩싸여 있었습니다. 그는 힘없고 연약한 노인이 되어 깊은 동굴에 들어가 엎드립니다. 그런 요한에게 신실하신 부활의 예수님이 나타나셨습니다. 요한은 영광의 광채로 빛나는 주님과 마지막 때에 일어날 일들을 보게 됩니다. "모든 것이 끝나버린 것인가"라고 질문하며 엎드린 사도 요한은 영광스런 혼인 잔치로 마감되는 계시록을 기록하게 됩니다.

동굴 안의 소책자에는 이렇게 쓰여 있었습니다.

'오래전, 말씀이 육신이 되어 하나님의 아들이 베들레헴 동굴에 작은 아기로 오셨다. 주님께서 다시 찾아오신 이름 없는 섬, 밧모섬의 작은 동굴이 여기 있다. 그분께서 베들레헴에는 가장 높은 순종으로 겸손히 오셨지만 이곳에는 능력과 영광으로 나타나셨다.'

예수님은 요한에게 완전히 변화된 모습으로 나타나셨습니다. 그분의 음성은 맑은 물소리 같았고, 눈은 거룩하고 근엄하며 성스런 분노로 빛났고, 발은 단단한 주석과 같이 견고했습니다. 그 위엄에 압도되어 요한은 땅에 엎드러져 거의 죽은 자같이 되었습니다. 평생 고난을 당한 요한에게 주님은 위엄이 있으면서도 다정한 목소리로 "두려워 말라. 나는 처음이요 마지막이니"라고 말씀하셨습니다.

나는 여러 주 동안 밧모섬에 머물며 그 동굴에서 기도할 수 있었습니다. 사도 요한이 겸손하고 경외하는 마음으로 엎드렸기에 큰 은혜를 입었듯, 우리도 자신을 겸손히 낮출 때 주님의 은혜를 경험할 수 있습니다.

주님은 하나님의 진노와 심판, 하늘 영광의 나라에 있는 승리자들의 무리를 보여주셨습니다. 요한계시록은 다가올 엄청난 재앙, 사탄의 파괴적인 힘, 예수님의 제자들에 대한 사탄의 공격에 대해서만 언급하고 있지 않습니다. 요한계시록은 성경에서 하나님의 승리와 천국의 형용하기 어려운 아름다움, 순례자들의 영광스런 목적지를 말해주는 유일한 책입니다. 이 영광스런 환상이야말로 요한이 어두운 골짜기를 극복할 수 있었던 힘이었습니다.

요한계시록은 '짐승'의 정체를 드러내고, 하나님의 어린양이신 예수님이 공의로운 해처럼 승리하신 분이라는 사실을 알려줍니다. 또한 강력과 위엄에 찬 하늘의 보좌, 영광의 빛을 발하는 천상을 계시한 책입니다.

요한계시록 14장에 나오는 시온산 위의 십사만 사천 명은 하나님의 어린양이시며 신랑 되신 예수 그리스도께 헌신한 자들입니다. 그들의 모든 본성과 존재는 하나님의 어린양의 성품을 지니고 있습니다. 주님은 하나님의 어린양에게 속한 신부들인 거룩한 남은 자들을 부르시고 있습니다. 그들이 어린양의 혼인 잔치에 준비되기를 원하십니다. 이들은 마지막 때에 주님을 끝까지 붙잡으며 인내와 사랑, 희생으로 승리해 주의 나라를 예비할 자들입니다.

밧모섬에 거하는 동안 주님은 나에게 이 땅에서 할 일을 보여주셨습니다. 그것은 남은 생애 동안 이 세대 사람들이 구원을 얻도록 경종을 울리며, 그들이 주님의 고통과 아픔에 동참하고 예수 그리스도의 신부로 준비되도록 돕는 것이었습니다.

사도 바울은 "내가 하나님의 열심으로 너희를 위하여 열심을 내노니 내가 너희를 정결한 처녀로 한 남편인 그리스도께 드리려고 중매함이로다"(고후 11:2)라고 했습니다. 예수 그리스도의 신부의 삶은 사탄의 지배 아래 살고 있는 사람들의 삶과는 너무나 대조적입니다. 지금 많은 이들이 죄악을 따라 사탄의 권세 아래 살고 있습니다. 무의미와 공허함이 그들의 특징입니다. 그들은 '오늘은 쾌락, 내일은 죽음, 그 다음은 아무것도 없다'고 여깁니다. 이 땅의 현재와 미래는 주님을 끝까지 사랑하는 예수 그리스도의 신부들에게 달려 있습니다.


## 오직 주님을 위해!

신부의 사랑은 천상의 신랑인 예수님만을 바라보며 묵상하고, 입술로 그분이 누구신지 선포할 때 불타게 됩니다. 당신의 눈을 그분께 돌리십시오. 특히 고통을 짊어지신 인자로서의 그분을 묵상하십시오. 주님의 아름다움이 그 고통 가운데 충만히 드러나기 때문입니다. 그분을 새 노래로 찬양하면 당신의 마음은 더욱더 사랑으로 불붙게 될 것입니다. 당신이 예수님을 위해 무언가 헌신할 때마다 그분과의 사랑의 결속은 더욱 강해집니다. 예수님을 위해 희생할수록 주님과 더 가까이 연합하게 될 것입니다. 당신이 모든 일을 주님과 함께 할 때, 신부의 사랑은 불타오릅니다. 날마다 가장 작고 사소하며 평범한 일들조차 그분과 연합해서 행할 때, 새롭고 지속적이며 고귀한 사랑을 발견하게 될 것입니다. 신부의 순수성은 일상의 삶에서 증거 된다는 사실을 명심하십시오. 모든 일을 주님을 위해 행하며, 어려운 일들이 닥칠 때마다 특별한 사랑과 관심으로 헌신할 때, 신부의 사랑은 불타오릅니다. 어떤 어려운 경우에도 '주님을 위해'라는 말이 마음에서 솟아난다면 사랑의 불꽃은 다시 타오를 것입니다.

신부의 사랑은 신랑 되신 예수님을 신뢰할 때 불타오릅니다. 신뢰함으로 그분께 영광을 돌리게 됩니다. 당신의 마음이 어두울 때, 그분이 더 이상 응답하지 않거나 당신에게 관심이 없는 것처럼 보일 때, 더욱 특별히 그분을 신뢰하십시오. 당신이 더 이상 주님의 인도하심을 이해할 수 없을 때, 희망이 좌절되고 모든 것이 의미 없어 보일 때, 그분의 사랑을 더욱 신뢰하십시오. 당신이 여전히 그분을 신뢰하고 "주님은 저와 함께 하시며 제 마음 안에 거하십니다. 우리는 영원히 연합되어 있습니다. 그 누구나, 무엇도 우리를 하나님의 사랑에서 끊을 수 없습니다"라고 말하면, 사랑의 신뢰 가운데 견고해진 심지에서 사랑의 불꽃이 밝게 타오를 것입니다. 그리고 하나님은 영원히 '예와 아멘'이신 것을 경험할 것입니다.

예수님의 재림을 고대하며 살 때 신부의 사랑은 불타오릅니다. 신랑이 오실 것이라는 기대감으로 신부의 마음은 사랑으로 가득 차 기뻐 요동칠 것입니다. 삶에서 이 기쁨이 없다면 우리의 사랑은 희미해집니다. 자신의 신부를 천국 축제인 어린양의 혼인 잔치로 데려갈 영광의 왕이시며 신랑이신 그분을 기다리십시오. 그러면 그분은 지금 여기서 당신 마음속에 거처를 삼으시고 당신의 사랑이 자라가게 하실 것입니다. 그리고 이 땅에서 당신의 생이 마쳐지는 날, 주님의 집으로 데려가실 것입니다. 거기서 당신은 사랑으로 맞이하시는 주님을 '얼굴과 얼굴을 대하며' 볼 것입니다.

오늘날 어떤 교파를 막론하고 예수님을 믿고 사랑하며 하나님의 명령에 충실한 사람들은 영적으로 연합하여 하나 됨을 이뤄갑니다. 예수님을 사랑하기에 그들은 모든 차이를 뛰어넘어 점점 더 가까워집니다. 이들은 서로 격려하며 눈에 보이지 않아도 한 몸을 이뤄 예수님의 재림과 어린양 혼인 잔치를 준비하고 있습니다. 이 하나 됨의 역사는 기독교에 대한 박해가 거세어질 때, 고난의 한가운데서 더욱 분명히 드러나게 될 것입니다.

"너희가 이른 곳은 시온 산과 살아 계신 하나님의 도성인 하늘의 예루살렘과 천만 천사와 하늘에 기록된 장자들의 모임"(히 12:22~23)이라고 성경이 말한 대로 하나님의 나라가 임할 때 기쁨의 잔치가 펼쳐지며 찬양과 경배의 노래가 울려 퍼지게 됩니다.

어제나, 오늘이나, 영원토록 한결같은 사랑으로 우리를 안아주시는 주님이 지금 이렇게 말씀하십니다.

"내게로 돌아오거라. 처음 사랑으로 나를 사랑하기 바란다. 그러면 내가 너희 안에 거해 너희들의 삶의 모든 것이 되어 줄 것이다. 나는 지금 나를 위해 살고 고난 받을 자, 내 나라를 함께 지어갈 자, 위대한 구원의 역사를 함께 완성할 자들을 찾고 있노라."

이제 당신이 주님의 이 부르심에 응답할 차례입니다. 부디
이 부르심에 '예와 아멘'으로 응답하시기 바랍니다.

note

note

note